El reflejo de lo invisible

Silvia Castell
Rosa Gimeno
Asun Valet

El reflejo de lo invisible

Silvia Castell
Rosa Gimeno
Asun Valet

20 septiembre
10 diciembre
2023

EXPOSICIÓN

Gobierno de Aragón
IAACC Pablo Serrano

Jorge Azcón
Presidente del Gobierno de Aragón

Tomasa Hernández Martín
Consejera de Presidencia, Interior y Cultura

Pedro Olloqui
Director General de Cultura

Laura Asín Martínez
Jefa de Servicio de Archivos, Museos y Bibliotecas

Susana Spadoni Márquez
Directora honorífica del IAACC Pablo Serrano

Julio Ramón Sanz
Director del IAACC Pablo Serrano

Producción
Gobierno de Aragón

Organización y coordinación
IAACC Pablo Serrano

Comisariado y textos
Susana Pardo Martínez

Diseño gráfico y expositivo
Marta Ester

Producción gráfica
Púlsar

Montaje
Queroche

Seguro
Arabrok

CATÁLOGO

Edición
Gobierno de Aragón

Coordinación
IAACC Pablo Serrano

Textos
Susana Pardo Martínez

Diseño y maquetación
Marta Ester

Fotografía
Gonzalo Bullón
Arancha Benedí
Rosa Gimeno

Impresión
La Imprenta

ISBN: 978-84-8380-491-9
DL: Z 1823-2023

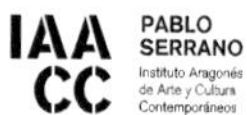

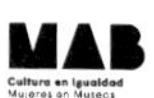

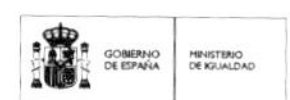

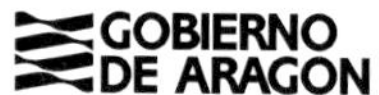

El reflejo de lo invisible

Silvia Castell
Rosa Gimeno
Asun Valet

El reflejo de lo invisible

1. LUQUE, Juan de Dios: *Aspectos universales y particulares del léxico de las lenguas del mundo.* Granada, Impredisur, 2004, p. 538.

Se ha demostrado que la vista es el sentido más desarrollado en los humanos. Expertos psicolingüistas y antropólogos, tras analizar conversaciones en trece lenguas y culturas diferentes, concluyen que el 60% del vocabulario relacionado con los sentidos son palabras referidas a la vista[1]. En los idiomas de culturas occidentales este porcentaje puede ser del 70 e incluso del 80%. Explican que esto es debido a tres causas fundamentales: la primera se encuentra en el cerebro, órgano que dedica casi la mitad de su masa al procesamiento visual; la segunda causa, es el hecho de que en vigilia no podemos dejar de ver, incluso cuando parpadeamos la mente rellena ese vacío para seguir experimentando una imagen en todo momento; y por último, las investigaciones revelan que la vista coordina el conjunto de las experiencias humanas. En español tenemos expresiones tan coloquiales como *mira lo que te digo*, *mira quién habla*, *mira mucho por sus hijos* o *solo mira a su provecho* y tantísimas frases en las que el verbo mirar actúa de manera sinestésica o suple otras acciones.

El lenguaje nos demuestra que la experiencia visual es una actividad abierta y dinámica que abarca amplios aspectos y situaciones de nuestra vida. A partir de aquí, no parece descabellada la idea recurrente de los dos últimos siglos de historia en acercar el arte, como sublimación de la contemplación, a la vida. La asociación arte y vida comienza en la mirada consciente, que nos lleva a sentir más allá de lo percibido. En este proceso de percepción consciente, el arte deja de ser un mero objeto material para devenir en experiencia estética, es decir, una experiencia visual asociada a la percepción activa, a ese juego de interacciones entre las tensiones que constituyen lo observado con las fuerzas psicológicas y circunstanciales del observador.

Si ver, observar, mirar, otear, contemplar es el primer contacto con la realidad que vamos a conocer, parece lógico ejercitar y desarrollar la mirada; y nada mejor que el estudio del lenguaje del arte para ser eficaz en el análisis e interpretación de las imágenes, cuyos códigos son de uso corriente en un mundo cada vez más tecnológico y virtual. Por ello, "El reflejo de lo invisible" propone el reto de incorporar la experiencia estética en nuestro hacer cotidiano. En el encuentro visual con el objeto artístico, el arte despliega su capacidad, no solo para producir estímulos emocionales y hacer sentir un amplio espectro de sensaciones, sino que además ejerce como dispositivo provisto de estrategias y herramientas válidas para el día a día. El arte actúa de guía, acompañando al observador en el camino del conocimiento, poniendo luz para ver o rasgando el velo de lo aparente. Pero ante todo, la experiencia artística muestra una forma de estar en el mundo haciendo uso de la imaginación, la sensibilidad, el conocimiento de uno mismo y nuestro entorno, así como nos permite ir más allá del simple disfrute de la belleza ampliando los límites del tiempo y el espacio.

En la práctica de mirar, la primera cuestión es la de saber si la contemplación implica ir más allá de la pura opticalidad[2], para en un segundo momento reconocer si visible e invisible son conceptos contrarios o si, realmente, esa dualidad polarizada deviene en una relación complementaria por necesidad entre lo perceptible y lo cognitivo. Al visualizar la naturaleza corpórea de un ser humano o la materialidad de una obra de arte, intuimos que más allá de lo que vemos nos llega una información, un conocimiento que surge de la relación entre lo inmediato que se nos da a ver y una reflexión interpretativa.

2. KRAUSS Rosalind E.: *El inconsciente óptico*. Madrid, Editorial Tecnos, 2013, p. 121. Contra el arte del instante, el puramente retiniano, Krauss explica la postura de un Marcel Duchamp maduro, alejado de la pintura, defensor del ojo connotado, que apela al uso de la materia gris. Frente a la opticalidad pura Duchamp defiende las «cuestiones conceptuales».

La idea es invisible y sin embargo da sustancia al ser, al objeto, al mundo o la realidad. Las ideas son volátiles y fluyen hasta que se materializan en una realidad perceptible, en una imagen cuya concreción es el reflejo de la idea. Entonces, si la idea es orden abierto, la realidad que se nos da a ver solo puede ser un escenario provisional y cambiante. Podríamos decir que lo visible es lo que ya creemos tener, la parte que nos identifica en ese momento de representación del proceso. Mientras que lo invisible es lo que no se ha hecho presente, pero está por llegar o construir, es decir, lo invisible es lo que modificará lo visible.

En el centro de este galimatías, se descubre el potencial de las imágenes al privilegiar el viaje de ida y vuelta entre visibles e invisibles. Debido a que el cerebro trabaja con imágenes mentales y reordena a partir de ahí el resto de actividades, el arte se manifiesta como una tabla de salvación para unir el mundo de las ideas con el ámbito de lo real, el pensamiento y la materialización. Gracias a la facultad del arte para conectar espacios de libertad, conocemos y ampliamos nuestro mundo; el arte es el puente que nos traslada de la idea a la forma, y de la forma volvemos a la idea, en una sinergia de posibilidades. Estos puentes no deben levantarse para complacer un fugaz goce estético sino para construir conocimiento.

Giro copernicano

Bajo la premisa de la relación complementaria entre visible e invisible y entendiendo que la idea es lo que da fundamento al ser, nos enfrentamos al centro de la propuesta de este ejercicio teórico: la experiencia estética como aprendizaje vital.

Para ello hay que recurrir a Kant, quien introduce el concepto de experiencia como ampliación de la acción de mirar por medio de lo que él denominó la «revolución copernicana»[3]. Esto supuso un giro absoluto en la idea del arte y el inicio de una teoría estética que no ha hecho más que crecer y alimentar investigaciones plásticas del siglo XIX permitiendo el desarrollo de las Vanguardias y movimientos artísticos del siglo XX, así como la complejidad de lenguajes y ensayos postmodernistas de la actualidad.

3. REALE, Giovanni y ANTISERI, Dario: *Historia del pensamiento filosófico y científico. II Del Humanismo a Kant.* Barcelona, Herder Editorial, 1988, p. 734.

Del mismo modo que Copérnico describió las órbitas de los planetas alrededor del sol, quitándole la centralidad a la Tierra, Kant desplazó el punto focal del objeto al sujeto para crear las bases del conocimiento; así, para emitir un juicio sobre cualquier cosa o hecho, el objeto no solo debe ser percibido sino también pensado y experimentado por el sujeto.

La experiencia viene así a enriquecer y ensanchar los límites de la contemplación; ahora, las cualidades estéticas, es decir, las propiedades o características de la pieza de arte visibles al ojo, no solo residen en la forma materializada, sino que se derivan de la interacción entre el objeto y el sujeto pensante que observa. Esta comunicación entre emisor y receptor es además de doble dirección y deviene en experiencia estética, es decir, la acción de percibir sensorialmente un objeto de arte, las imágenes o el mundo tal como lo vemos es una cuestión que está directamente relacionada con la actitud del sujeto, con sus aptitudes y sensibilidad.

Percibir se convierte en una acción que faculta al ser. Por tanto, Kant propone el reto, en el que todavía hoy nos movemos, de hacer el viaje del *objeto estético* a la *idea estética*[4] apelando al juego y la experimentación del sujeto sensible y racional que contempla, curiosea y/o admira y desde luego reflexiona, piensa y/o juzga.

4. *Idem*, p. 736.

El rol político de la estética

Y en todo esto, cabe preguntarse dónde queda la belleza. Desde el clasicismo griego, lo bello se ha identificado con lo que place y agrada al espíritu. Sin embargo, Kant no solo independiza lo bello del objeto de arte, sino que amplía el concepto de belleza con la idea de *lo sublime*[5], definiéndolo como la experiencia de algo más grande que nosotros mismos, algo que atrae y aterroriza a un tiempo, cuya magnitud inmensa atrapa a la vez que invita a salir corriendo. Pero, experimentar *lo sublime*, puntualiza Kant, solo es posible a través de la seguridad que proporciona la experiencia estética, no es lo mismo vivir un huracán que sumergirte en la tormenta de un cuadro de Turner.

5. *Idem*, p. 777.

En cualquier caso, ya sea en la experiencia del agrado o desagrado, de la armonía o la disonancia, lo interesante es que la idea estética para Kant es «[...] la representación de la imaginación que incita a pensar mucho, sin que, sin embargo, pueda serle adecuado pensamiento alguno, es decir, *concepto* alguno, y que, por lo tanto, ningún lenguaje expresa del todo ni puede hacer comprensible»[6]. Con estas palabras, el pensador está liberando a la obra de arte de cualquier condicionante o finalidad interesada; la rescata de la funcionalidad religiosa o representación de poder (estrechamente vinculado hasta el siglo XVIII[7]) envolviéndola en un halo de misterio, de una cierta poesía que la distingue de la realidad percibida.

6. KANT, Immanuel: *Crítica del Juicio*. Madrid, Editorial Espasa Calpe, S. A., 1997, p. 270.

7. CÁMARA MUÑOZ, Alicia: "El artista y el poder", en VV. AA.: *Imágenes del poder en la Edad Moderna*. Madrid, Editorial Universitaria Ramón Areces, 2015, pp. 17-44.

Esa parte poética, invisible, que se introduce en el plano estético, ya sea experiencia espiritual o ética, es donde Kant abre la grieta que da autonomía al arte. Y es exactamente el no atender a ideas impuestas que lo estético deviene en político. El teórico del arte Rancière recoge el testigo afirmando que el arte no es político por su contenido reivindicativo o sus formas de representar las sociedades, sus identidades y conflictos, sino porque produce el «desplazamiento de la percepción y altera la distribución del tiempo y espacio»[8]. Es decir, el arte visual organiza sus formas, colores, texturas y composiciones, con tal energía que no podemos evitar girar el cuello y mirar; nos atraen, demandan nuestra atención, ya sea por medio de la belleza o el desagrado, de la conmoción o la serenidad, del desencuentro, de la ironía, de la sinceridad o la vergüenza. Pero lo interesante es que una vez captada nuestra mirada detenemos nuestra actividad, dejamos de hacer lo que estábamos haciendo, interrumpimos el tiempo, lo que implica una posición política frente al sistema productivo donde no se contempla otra cosa distinta de la fórmula insistente del producir-consumir.

8. RANCIÈRE, Jacques: *Sobre políticas estéticas*. Barcelona, Museu d'Art Contemporani de Barcelona y Servei de Publicacions de la Universitat Autónoma de Barcelona, 2005, pp. 9-13.

Lo visible es un régimen inclusivo, cualquiera puede parar y mirar una obra de arte, solo hay que tomar la decisión; La «política estética» de Rancière nada tiene que ver con *estetizar la política*[9], tal como se hace en la propaganda o puesta en escena del poder y las masas en regímenes totalitarios. La «política estética» pone el foco en aquellas estrategias heterogéneas que producen cualquier forma de visibilidad artística capaz

9. BUCK-MORSS, Susan: *Estética y anestésica. Una revisión del ensayo de Walter Benjamin sobre la obra de arte*. Madrid, editorial A. Machado Libros, 2005, 1993, p. 93. Buck-Morss expone las palabras de Joseph Goebbels (ministro de Hittler) en una carta escrita en 1933 como «genio de la propaganda fascista que dio a las masas un doble papel: el de observadores y el de masa inerte [que está] siendo formada y moldeada».

de proponer modos de intervenir en la distribución de los tiempos y los espacios comunes del sistema socio-económico[10]. Ya sea de una manera simbólica o material, la experiencia estética juega un papel esencial para introducir al observador en un mundo de libertad porque abre un espacio para la ociosidad, donde la sensibilidad de cada uno dirige su pensamiento en un libre juego sensorial. La suspensión del tiempo y del espacio sistematizado, dice Rancière, funda un nuevo arte de vivir, una nueva forma de comunidad que se convierte en utopía estética[11] en el sentido que se independiza de cualquier modo de dominación normativa que no desestructure la división de lo sensible establecida.

10. RANCIÈRE, Jacques: *Op. cit.* p. 15.

11. *Idem*, pp. 21-25.

Sacar a la luz aquello que se oculta por voluntad propia o ha quedado bajo el manto de la censura es siempre un ejercicio saludable. Antes o después lo invisibilizado reivindica su sitio, un lugar que los artistas, como agentes intermediarios, tratan de facilitar. Ellos son capaces de atravesar el espejo de *Alicia*, volver para contarlo y abrir el camino hacia ese otro paraje. Pero, desafortunadamente, no sabemos cuál es el verdadero *País de las Maravillas* y mucho más difícil nos parece la posibilidad de aspirar a él; estamos convencidos de que nuestro mundo solo puede ser hostil y competitivo, y lo único real es seguir el ritmo frenético del día a día cargado de trabajo, ocupaciones y ocio agotador. ¿De dónde sacamos entonces el tiempo y la calma para percibir, sentir y reflexionar? Las historias pasan delante de nuestros ojos pero son invisibles a nuestra sensibilidad.

Imaginación. Motor de vida

Imaginar es atrapar la sinergia en el cruce o colisión de dos conceptos para decir aquello no dicho, ya sea en un acto de desmitificación o simplemente para recolocar las partes de una historia. Porque de eso se trata, de acabar con los grandes relatos, considerados como verdad única y universal, que desde las vanguardias se pretenden derrocar en favor de una mayor multiplicidad de lenguajes y voces. La filósofa Hannah Arendt tenía claro que «allí donde fracasa el pensamiento es donde debemos perseverar en el pensamiento, o más bien darle un nuevo giro»[12]. Y los artistas son especialistas en insistencia. Gracias a su tesón podemos visualizar en las obras de arte lo que ya han construido en su cerebro, podemos percibir sus imágenes mentales, conocer lo que nos cuentan, reflexionar con ellas, emocionarnos y grabar su conocimiento en nuestra conciencia.

12. DIDI-HUBERMANN, Georges: *Imágenes pese a todo. Memoria visual del Holocausto*. Barcelona, Paidós, 2017, p. 47.

El teórico del arte Didi-Huberman está convencido de que «para saber hay que imaginarse»[13]; pero además, si esa imagen mental está unida a una emoción, el conocimiento que portan queda impreso para siempre. El neurocientífico Damasio, en su libro *El extraño orden de las cosas*[14], explica cómo junto al mundo real y sus representaciones existe otro mental paralelo que está estrechamente unido a los afectos. El neurólogo identifica la emoción con la acción, es decir, ante un objeto o situación el organismo desarrolla un programa activo de confrontación hacia esa circunstancia de realidad física o mental; mientras que la experiencia que resulta de esa actividad o reacción emocional es la que se transforma en sentimiento[15].

13. *Idem*, p. 17.

14. DAMASIO, Antonio: *El extraño orden de las cosas*. Barcelona, Editorial Planeta, 2018, p. 144.

15. *Idem*, pp. 167-200.

La emoción es acción imprevista y pre-consciente, y por tanto, anterior al pensamiento racional y al lenguaje; la emoción es energía que se materializa en el sentimiento unido a la imagen mental. Después de años investigando el cerebro humano, Damasio sostiene que la evolución cultural, o lo que él denomina la mente cultural[16] (capaz de aprender, imaginar, crear y archivar en la memoria) no solo está enraizada e intrincada a la vida y al instinto de supervivencia práctico, sino que está íntimamente relacionada con los sentimientos. Dicho de otro modo muy simplificado, no hay desarrollo cultural sin imaginación ni sentimientos.

16. *Idem*, pp. 229-266.

Tirando de este hilo, si los sentimientos como experiencias emocionales actúan garantizando los vínculos y conexiones que dan forma a una civilización, cualquier manifestación artística constituye una pieza central en la construcción cultural ya que sus lenguajes y códigos, la fomentan, enriquecen y perpetúan. Pero la pregunta que nos interesa ahora en el ámbito de lo visible es ¿de dónde surge la imagen mental que terminará plasmándose en una pieza de arte o imagen reproducible para ser contemplada o experimentada estéticamente?

El arte muestra su naturaleza ambigua al presentarnos un mundo físico, tangible y objetivo al mismo tiempo que es la mirada subjetiva y sesgada del artista hacia una parte de realidad. Por otro lado, representa una concreción limitada en sí misma, al estar acotada por su propia materia, marco o pantalla; la pieza artística puede ser un pequeño fragmento que, incluso vela y oculta la realidad. Este carácter limitado, parcial y fragmentado de cualquier tipo de representación plástica es el que lleva a ciertos críticos a desconfiar del arte y las imágenes, a considerarlo una subjetividad incompleta que disfraza la realidad, incluso Platón condenó al arte por su capacidad de seducir y engañar. Sin embargo, la virtud del arte procede, precisamente, de su facultad de ser imaginado, una intuición capaz de crear y dar a ver aquello que se relega por alejarse del pensamiento único y hegemónico, por contar pequeñas narraciones, realidades que se olvidan en los medios de comunicación porque siempre hay una urgencia mayor.

"El reflejo de lo invisible" pretende abrir un espacio para la calma, resquebrajar el muro que separa lo físico de lo mental y construir relatos que permeabilicen los límites que separan las esferas de realidad de los campos de la imaginación. Silvia Castell, Rosa Gimeno y Asun Valet son las artistas que integran este proyecto; mujeres que llegan desde momentos vitales distintos y trayectorias artísticas diversas para asumir la paradoja que entraña lo visible e invisible; un conflicto que abordan desde la amalgama y la contradicción, desarrollando técnicas y estrategias destinadas a pactar, pero también a problematizar lo visual, para prestar atención a lo oculto por voluntad propia o ajena. Desde el convencimiento que les proporciona la madurez y su posición de artistas, advierten con sus piezas, que solo por medio de la unión de los opuestos y la superposición de mundos logramos manejarnos en la extrañeza de la existencia.

El envés de las cosas

Silvia Castell

«La visibilidad o invisibilidad no es una cualidad de las cosas, de los individuos como entidades corpóreas o de las propias ideas, es nuestro estado de conciencia el que nos permite o impide ver más allá de nuestros límites».

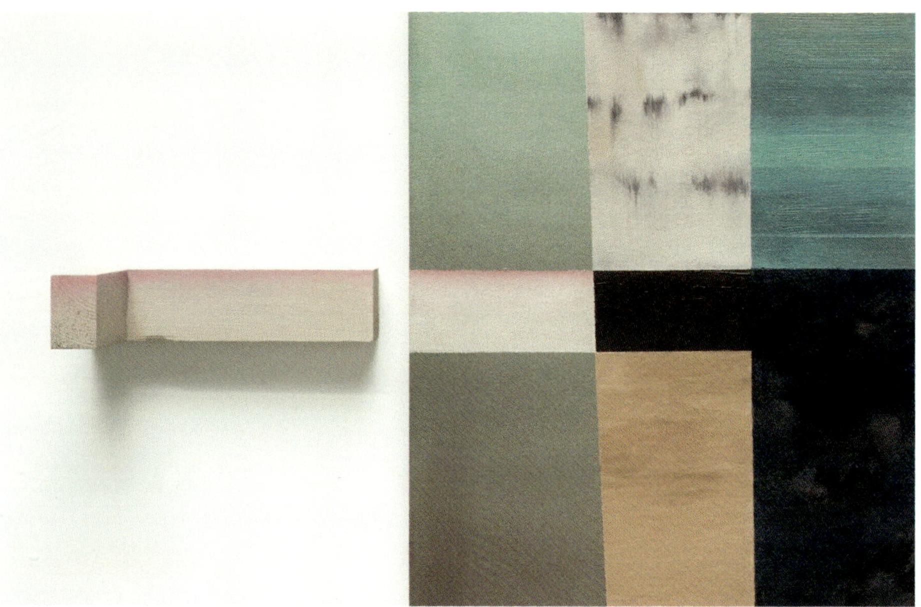

Paisaje y madera, detalle, 2022
Acrílico sobre tela y pieza de madera exenta
164 x 160 cm

La verdad sobrevuela las representaciones artísticas pero nunca termina de posarse ni de emprender el vuelo. Si tenemos suerte podemos percibir algún atisbo, chispazos minúsculos de realidad; sin embargo, la mayor aportación del arte es la insinuación de que hay más de lo que nuestros sentidos nos revelan, algo por descubrir.

En el arte se hace muy evidente que la realidad que vemos reflejada en una pieza es una ficción, una representación de lo imaginado, un modo de mirar y comprender el mundo circundante, y por tanto, en última instancia, la pieza artística es el reflejo de la idea que extraemos de la realidad; esa realidad es de difícil comprensión ya que cuando interactuamos con ella nos modifica al mismo tiempo que la modificamos, sometiéndola a un proceso siempre cambiante.

La visibilidad o invisibilidad no es una cualidad de las cosas, de los individuos como entidades corpóreas o de las propias ideas, es nuestro estado de conciencia el que nos permite o impide ver más allá de nuestros límites. Esta es la paradoja del mundo de lo invisible: nada es invisible y sin embargo, convivimos con el misterio. Los objetos, las personas o la naturaleza se hacen presentes y, por tanto *son,* cuando empezamos a pensarlas; es la idea lo que da sustancia a la cosa, al ser y al entorno, y sin ella no existe.

La pregunta que surge a partir de aquí es si, realmente, la idea que sustenta al ser es invisible. ¿No es gracias a que podemos pensar la idea que subyace en las cosas lo que nos revela su presencia? Si lo que existe y apreciamos es un proceso, entonces ¿cuál sería la posición que debería adoptar el arte?

Por un lado, el arte es un testigo de lujo, imprescindible para contribuir a la memoria, el archivo y la historia. Desde su lugar, da testimonio del pulso de una sociedad en un momento y circunstancias concretas. Una tarea que mira el presente, con sus formas y colores, con su modo de pensar y percibir para dejarlo fijado, un anclaje que constituye inmediatamente el pasado. Esto supondría detener el curso del devenir. Un imposible. Porque el objeto artístico, lejos de ser un elemento limitante, traslada su memoria a la experiencia artística, que implica proyectarse hacia su naturaleza cambiante sirviendo de bandera fluida a los habitantes de lo impermanente. Los territorios acogen nuestra condición de nómada, y en el andar el viajero se transforma a la vez que altera el entorno con su huella.

Es cierto que la inestabilidad de los escenarios durante el recorrido, como el constante movimiento entre las fronteras de lo perceptible, produce una inseguridad con la que hay que lidiar. Sin embargo, en cualquiera de los campos de nuestra existencia, la posibilidad de cambio es la que nos salva, la libertad es el eje a partir del cual se estructura cualquier mapa.

Pero para comprender la realidad mutante y la paradoja de lo invisible (que es y no es al mismo tiempo) y así poder adentrarnos sin miedo y con libertad a la idea, el arte despliega la propuesta de vivir la experiencia estética como estrategia para realizar el viaje entre los infinitos de la imaginación. El arte se erige como el puente que nos traslada, con la máxima seguridad y garantías, del mundo que conocemos a la inmensidad que implica lo oculto y misterioso.

Valeriano Bozal afirma, en su ensayo *Notas sobre la experiencia estética*, que esta no se origina en la idea sino a partir de la pintura o del fenómeno natural que contemplamos[17]; es decir, proviene de la particularidad de las formas, colores, composición, trazos, viveza y energía, como también de su singular originalidad y capacidad de sorprendernos; pero además, Bozal introduce la posibilidad de que la relación entre objeto, idea y experiencia estética podría plantearse desde la perspectiva complementaria de verdad y ficción, que tienen que ver con la capacidad de mostrar lo general desde lo particular[18]. Imaginar para ver.

17. BOZAL, Valeriano: "Notas sobre la experiencia estética. Apropósito de algunos tópicos" en VV. AA.: *Imágenes de la violencia en el arte contemporáneo*. Madrid, editorial A. Machado Libros, 2005, pp. 13-16.

18. *Idem*, p. 43.

Y esa es la postura que Silvia Castell mantiene cuando observa su entorno, girándose para mirar el reverso de la realidad, intuyendo que en lo pequeño también hay un contenido al que prestar atención. En su serie "El envés de las cosas" se descubre la unión entre una genuina búsqueda y el misterio que entraña nuestro mundo; un *misterio esencial* que estructura toda obra de arte, en palabras del teórico del arte Adorno[19].

19. REALE, Giovanni y ANTISERI, Dario: *Historia del pensamiento filosófico y científico. III Del Romanticismo hasta hoy*. Barcelona, Herder Editorial, 1988, pp. 739-740. Los autores explican el concepto de la «dialéctica negativa» del filósofo Theodor Adorno, donde aclara la imposibilidad de conocer la totalidad de la realidad a través de la lógica racional o el pensamiento. Lo real es algo que se mantiene en ámbito de lo oculto y profundo.

La relación verdad y misterio se despliega a través de lo perceptible, formas y colores que se insinúan al espectador esperando que se acerque al enigma; pero los interrogantes no se responden aunque se mire desde otros ángulos. Lo invisible adherido a lo visible lo sustenta; Adorno viene a afirmar que la verdadera obra de arte es inagotable en su contemplación[20], tal como ocurre en las piezas de Castell. Gracias a independizarse del reflejo exacto de lo visible, se convierten en una herramienta de libertad, autónoma de una finalidad cerrada[21], y por tanto deviene en instancia crítica.

20. BOZAL, Valeriano: *Op. cit.* p. 16.

21. RANCIÈRE, Jacques: *Op. cit.* p. 29.

Incorporar esta parte de la experiencia estética a nuestro hacer cotidiano nos muestra un modo de enfrentarnos al sinsentido de la vida, para que, de alguna manera, calme la angustia existencial; proporcionando herramientas que nos permitan el libre juego, sin miedos ni condicionantes, para fluir entre lo conocido y desconocido. La experiencia estética respeta nuestros límites al mismo tiempo que propone el reto de ampliarlos; pero sobre todo incentiva el sentido crítico ante la mirada unívoca y las falacias que nos rodean, entre las cuales se cuelan los instantes de autenticidad.

Es en este sentido que las pinturas de Silvia Castell plasman retazos de memorias olvidadas, fragmentos de paisajes que han quedado minimizados o al margen del espectro de lo visible.

> *Paisaje y madera*, 2022
Acrílico sobre tela y pieza de madera exenta
164 x 160 cm

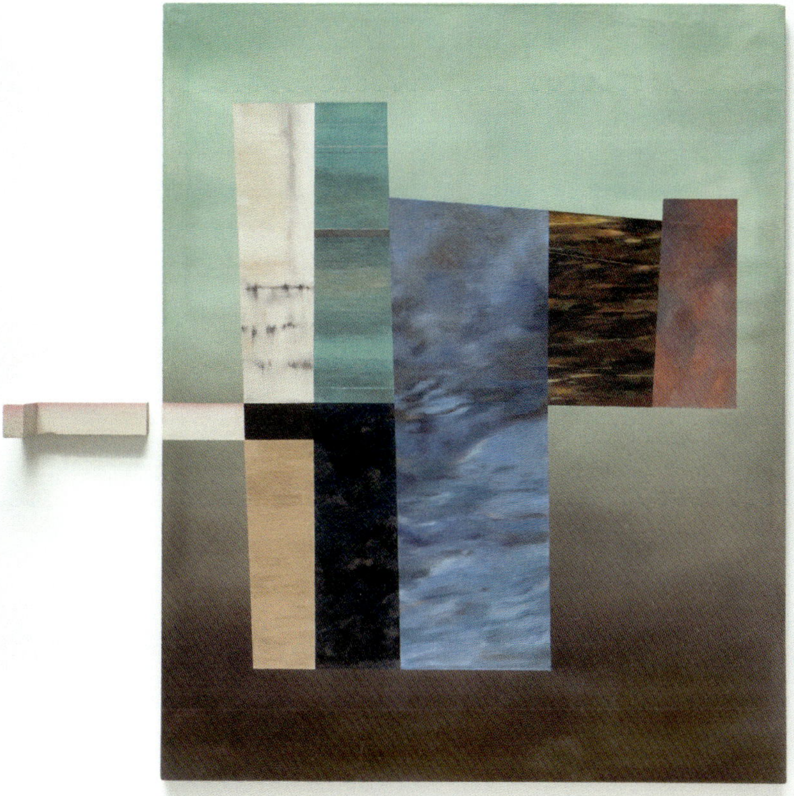

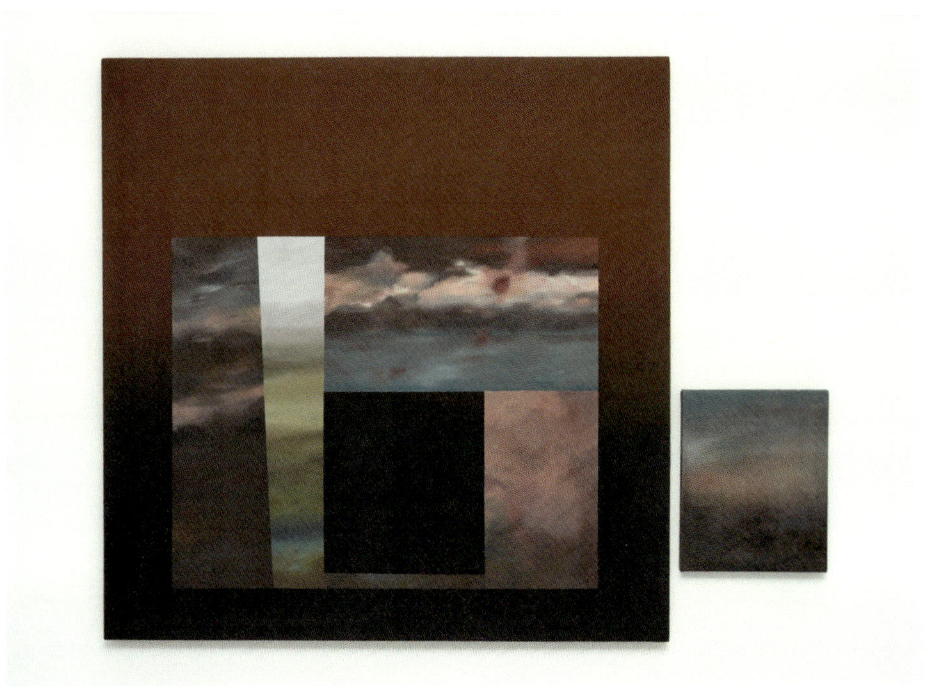

Fosco, 2023
Acrílico sobre tela
200 x 251,5 cm

22. VV. AA.: *Arte del siglo XX*, Volumen I. Colonia, Taschen, 2005, p. 292.

Sus pinturas se estructuran en dos planos donde se superponen abstracciones de mundos simplificados. El escenario del fondo, oculto parcialmente, se despliega articulándose a partir de la corporeidad que ofrece el horizonte que, a pesar de su no existencia, es un elemento visible y aquí se representa de manera difuminada delimitando lo que parecen territorios de arena, mar o cielo. Este plano alude a los *colour fields* de Rothko que no están aquí para atrapar la mirada y dirigirla a una ausencia meditativa, como pretende el artista americano[22], sino para recalcar que el arte no es una falsificación de la experiencia sino el desarrollo de la misma. La artista interrumpe ese sosiego ofreciendo el paisaje que imagina o le gustaría que fuera: introduce, en el primer plano del lienzo, la fría y cortante geometría de fracciones de otros mares y cielos a los que se les impide su fluir. Estructuras cortadas verticalmente encajadas a modo de estrechas ventanas rectangulares o trapezoidales garantizando la multiplicidad que se ajusta más a la realidad; y contra todo pronóstico, el juego de contrapesos provoca un equilibrio, además de rezumar una inmensa calma, porque en su limitada visibilidad se proyecta la promesa de que esa no es toda la realidad. Detrás de lo que vemos está lo auténticamente libre, solo hay que traspasar el marco cuadrangular para acceder a un conocimiento que de otra manera hubiera pasado desapercibido.

En estas piezas entrecortadas, la artista reúne parcelas de otras áreas que, aunque secundarias, pequeñas o nimias, reclaman su espacio; incluso el vacío se expresa en alguno de estos recuadros. En ellas muestra referencias tangenciales, anotaciones que aluden a espacios poetizados para que la imaginación del espectador actualice su contenido y acceda a un mundo no presente.

Del mismo modo que Castell abre estas ventanas pictóricas para visualizar paisajes mentales, la artista provoca, en algunas de sus piezas, una segunda acción vinculando objetos tridimensionales que trasladan al espectador a un espacio más cercano y reconocible: una manta perfectamente doblada, una escalera, un fragmento de madera pintada o un caballete donde se apoya un vinilo. Son cosas sencillas que acompañan a las pinturas, convirtiéndose en el propio lienzo expandido. Podrían considerarse elementos de tránsito entre objeto y sujeto u obstáculos que se interponen para impedir la correcta visión de los cuadros; sin embargo, están ahí como prolongaciones de la propia pintura para reclamar el libre uso del espacio y apoyar otras formas de percepción y relación con el espectador. El esfuerzo de procurarles su sitio no parece baldío, aunque eso conlleve la rotura del simulacro de armonía en los cuadros; la importancia de resquebrajar las realidades unívocas, no es solo desenmascarar una falsa universalidad sino abrirse a la intromisión y favorecer la inclusión de la alteridad. Las rupturas producidas estimulan las asociaciones rizomáticas[23], es decir, la relación azarosa que se produce al conectar lo diverso, sin modelos prefijados, sin prestar atención al orden jerárquico, ni a las relaciones de poder entre los territorios que ocupan y representan.

23. DELUCE, Gilles y GUATTARI, Félix: Rizoma. Introducción. México D. F., Ediciones Coyoacán, 1996. pp. 12-20.

Una de estas mezclas peculiares se genera ampliamente en la pieza *Verde*, donde Silvia Castell hace presente la relación entre el devenir movedizo y la estructura firme, ya mencionado en este texto. En *Verde* vemos dos partes diferenciadas: en la pared se encuentra el lienzo que aloja, a diferencia de los descritos anteriormente, una sola ventana o figura geométrica, con distintos matices de verde, sobre la abstracción del fondo; y en segundo lugar, presentado por delante y a un lado del lienzo, se ubica un caballete de madera con un plástico verde apoyado. La pintura se muestra movida, desencajada del lienzo, como si algo la empujara a girar como un torbellino y desligarse de los bordes del bastidor. La turbulencia distorsiona y vulnera los márgenes forzándolos hasta construir una forma trapezoidal que no deja de rotar absorbiendo la mirada. El vértigo producido por la pintura queda neutralizado por el caballete, un elemento que, *a priori*, parece dispuesto a interrumpir la visión de la obra y, sin embargo, se comporta como estructura reconocible, útil y sólida, garante de la unión del observador con el suelo; una sujeción que le proporciona la posibilidad de mirar y experimentar lo sublime de cualquier tempestad sin correr el riesgo de quedar atrapados en la fuerza de su levantamiento o desorden. Esta pieza es la evidencia de cómo, en el juego de desplazamientos de estabilidad e inestabilidad, el caballete se emancipa de la pintura provocando una acción de libertad dispuesta a dar soporte y protección al observador que se aventura a mirar al otro lado del abismo y a viajar a través de la experiencia artística.

> *Verde*, 2022
Acrílico sobre tela y caballete de madera
245 x 155 cm

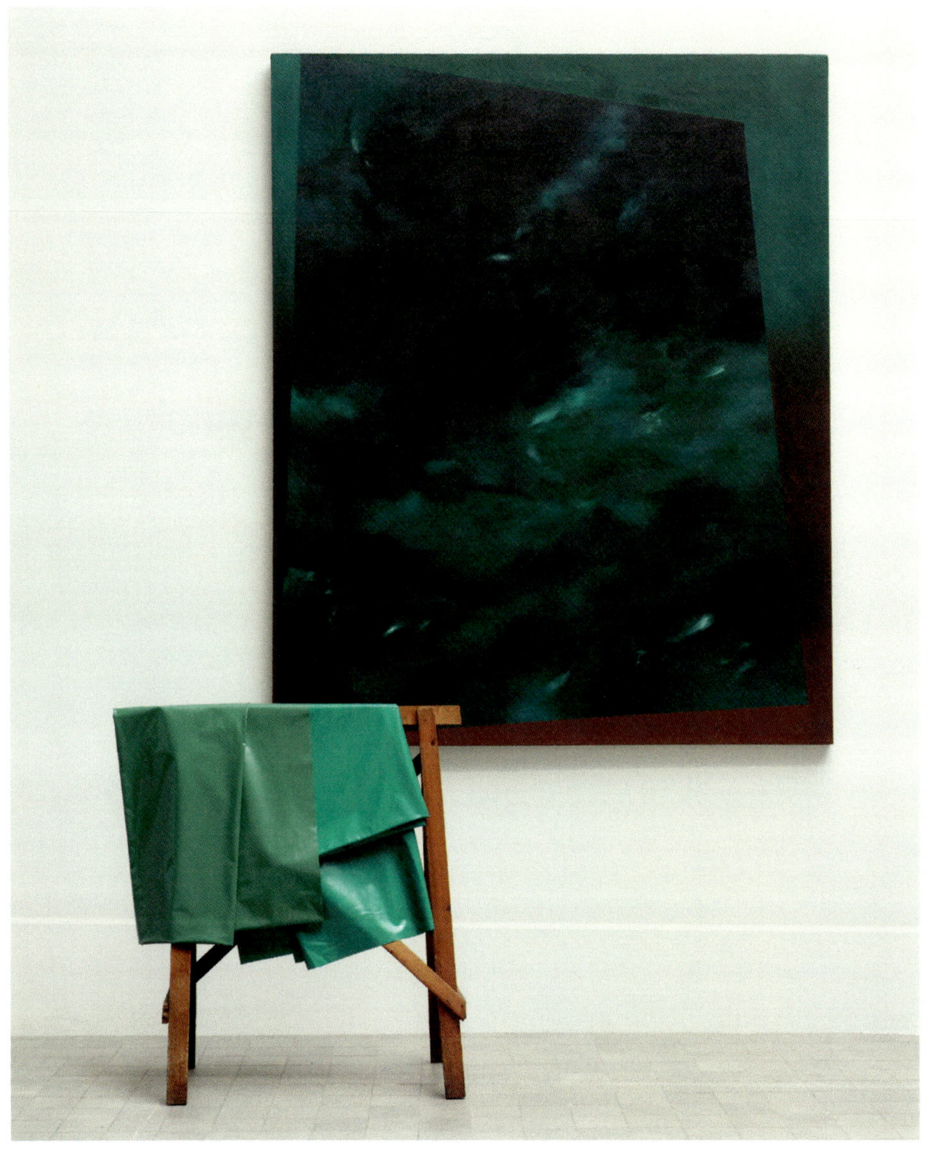

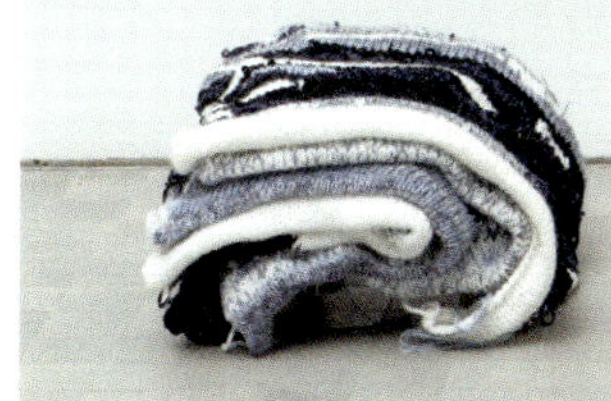

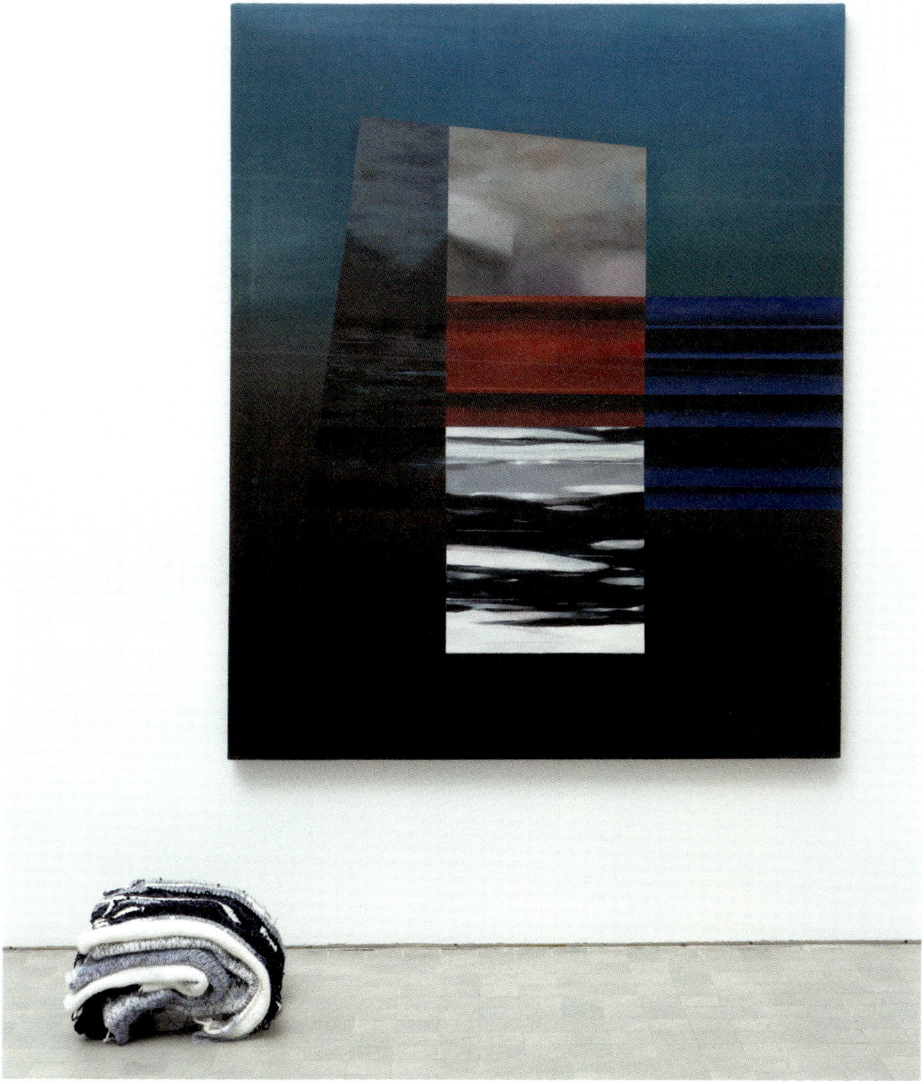

En obras como *Verde, Paisaje y madera* o *Paisaje y manta* se establecen relaciones de forma y color entre los objetos y la pintura llegando a describir, incluso, reflejos especulares. En esta última pieza, la manta es un elemento que aporta una perspectiva táctil novedosa, ofrece calidez frente a la frialdad del lienzo intocable. Está tejida a mano en los mismos colores que una de las partes del cuadro y alude a un espacio íntimo y agradable, memoria de un confort que acoge cuando nos disponemos a ver. La manta lleva implícita la voluntad de percibir de un modo seguro el misterio que la pintura encierra, ya sea un conocimiento real o imaginario entregado por similitud o contraste. En estas piezas se proponen complejas proximidades entre lo visible y el reflejo de lo invisible que nos hablan de un aprendizaje cotidiano a través de aceptar la poesía de lo mundano.

< *Paisaje y manta*, 2021
Acrílico sobre tela y manta de lana
197 x 164 cm

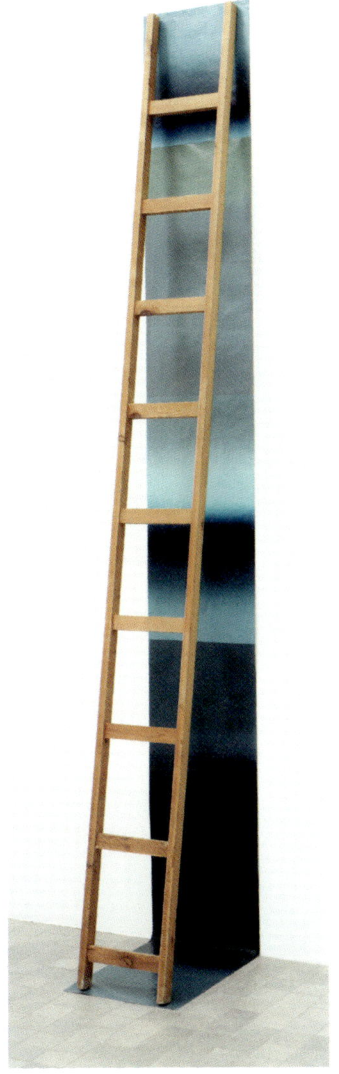

Sensaciones muy distintas ofrece la pieza *Infinitud*, donde la pintura se comprime en una estrecha franja de papel que recorre la pared verticalmente hasta el suelo, para continuar extendiéndose en horizontal. La formación en ángulo recto se cierra en un triángulo con una sencilla escalera de madera. La pintura, en degradados de color azul grisáceo, parece describir cielos consecutivos con varios horizontes ficticios, inexistentes pero visibles. Las sugerencias de esta obra se multiplican; por un lado, queda implícita la confusión de la percepción entre los ámbitos de lo sensible y lo intelectual, imposibilidad visual o abstracción matemática; y sin embargo, la escalera está invitando a subir y dilucidar qué se esconde más allá del límite de lo perceptible. La escalera interfiere y da posibilidad de conocimiento. Simbólicamente, el triángulo formado por la unión de objeto y pintura hace referencia a lo sagrado; además, la escalera por sí misma, es la metáfora de la unión con un mundo que no vemos, el mundo de los conceptos místicos y los misterios del alma.

Infinitud, 2022
Pintura sobre papel y escalera de madera
300 x 39 cm

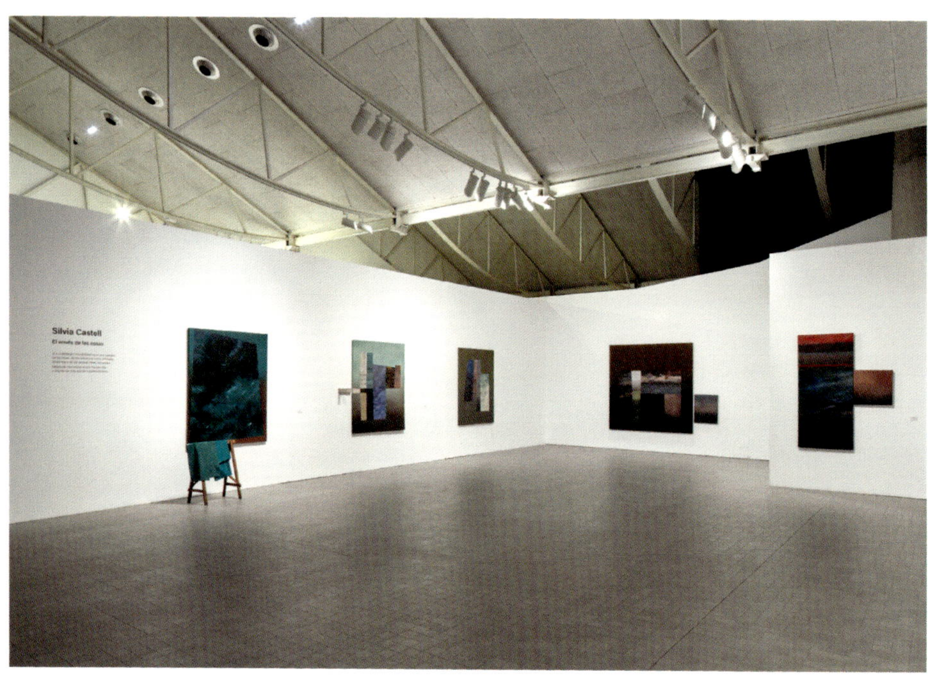
Silvia Castell

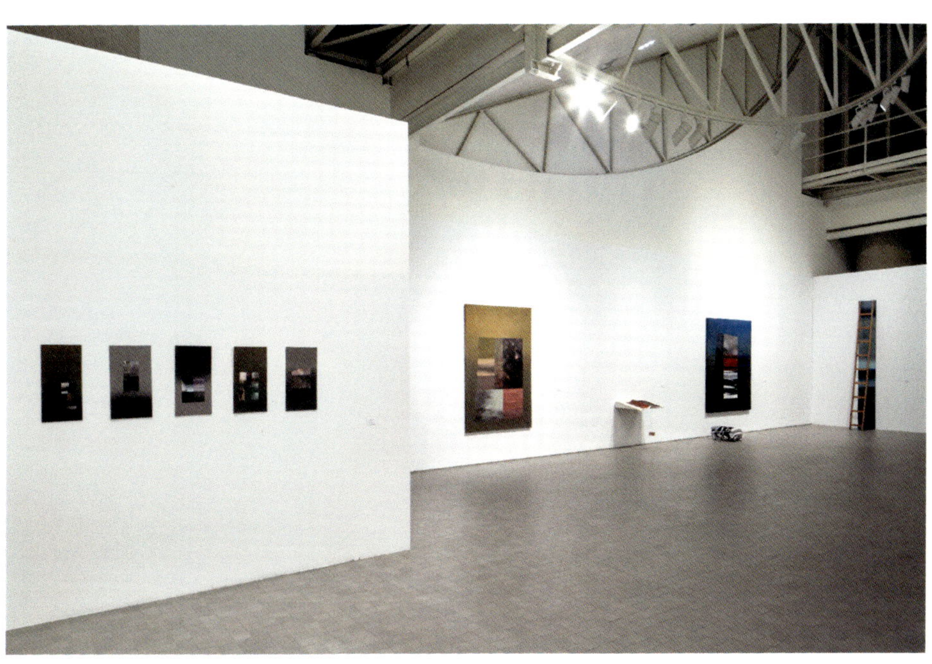

Mujer invisible

Rosa Gimeno

«Las mujeres han permanecido sentadas bajo techo todos estos millones de años, de modo que en este momento los propios muros están impregnados de su fuerza creadora, que, en efecto, ha sobrecargado tanto la capacidad de los ladrillos y la argamasa que tiene que encauzarse necesariamente hacia las plumas y los pinceles y los negocios y la política».

Virginia Woolf

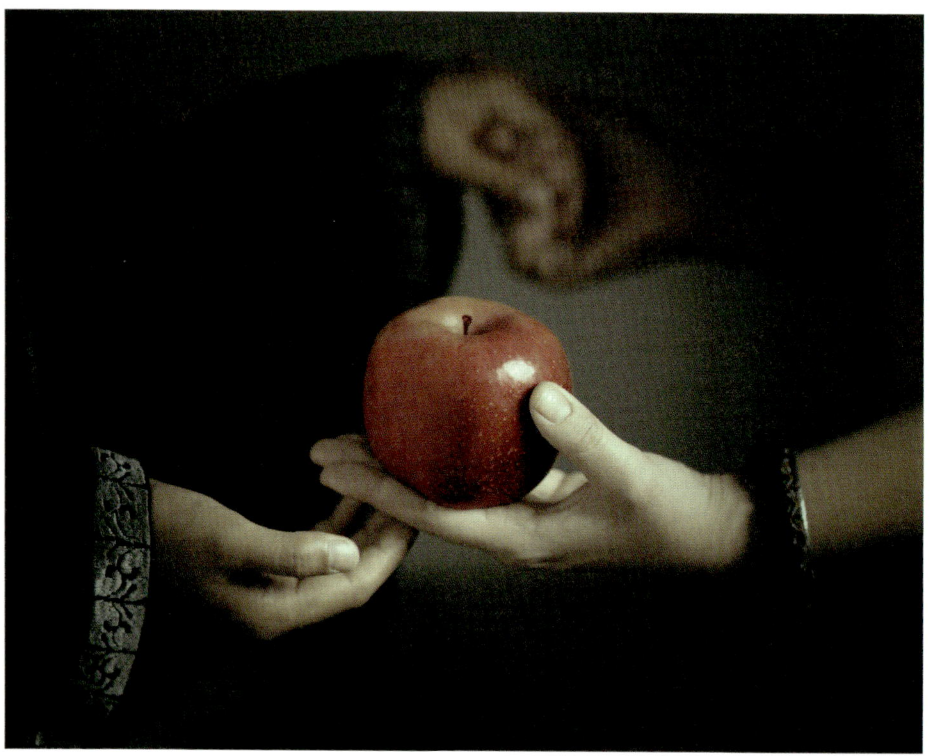

De la película *Soy Manizha*, 2023

Hablar del conflicto entre lo visual y lo imaginable es un recorrido que implica un trasfondo político. En su producción plástica, Rosa Gimeno asume la tarea de formalizar una estética que ponga a prueba los sentidos y se dirija hacia la ampliación de la mirada problematizando lo normativo social y cultural. De sus audiovisuales se deduce la capacidad de percibir como un estado de conciencia; sus obras desprenden la convicción de cómo el arte que muestra la vida la posibilita, además de corregir una injusticia.

Su propuesta audiovisual articula una parte importante del pensamiento feminista sobre la construcción interesada de la identidad, poniendo el foco en el cuerpo de la mujer y su rol cultural dentro y fuera de nuestras fronteras. Su pieza principal, la videoinstalación *Mujer invisible* con instalación *Mesa - Puente*, es la manifestación de la conexión entre espacios de libertad. La complejidad de esta pieza va más allá de la interacción entre imágenes en movimiento superpuestas, sonido, objetos exentos y fotografías; en la videoinstalación encontramos las ideas que dan sustancia al ser, vinculadas a la forma y la materia perceptible por los ojos y atesorada en la memoria y el archivo.

Pero ambos territorios, idea y materia, visibles o no, existen independientemente de cómo se manifiesten o hasta dónde seamos capaces de imaginar; que haya realidades que no podemos ver, oír, oler, tocar o saborear no indica más que la limitación de nuestro sistema sensorial y la insuficiencia tecnológica para objetivar, captar o medir lo real. Invisible no es sinónimo de *no-existencia*.

Y de esto sabemos mucho las mujeres. Aunque Occidente vive un período donde estamos cada vez más presentes en muchas esferas sociales, políticas y profesionales, todos conocemos la historia reciente y la actualidad de tantos millones de mujeres que aún en nuestro entorno, y no digamos en otros países no democráticos o en vías de desarrollo, soportan condiciones infrahumanas solo por ser mujeres. Y la realidad es que no somos y nunca hemos sido invisibles. Hasta donde yo sé, no se nos ha dotado con ese *superpoder*. Sería mucho más acertado decir que a las mujeres no se nos ha querido ver ni escuchar.

La videoinstalación se articula en dos momentos: por un lado un videoarte titulado *Mujer invisible* y por otro, la instalación exenta *Mesa - Puente*. El conjunto es una amalgama heterogénea que se manifiesta con la voluntad de conectar. A partir del audiovisual, cuyo título es toda una declaración de intenciones, se propone un viaje que desborda la pantalla para tomar el espacio a modo de artefacto extendido, como prolongación necesaria de las imágenes de una mujer despertándose de una especie de cautividad o letargo. Una vez fuera de la pantalla el relato continúa desarrollándose a través de estructuras, objetos y fotografías cuya significación enigmática ha de desvelar un personaje imaginario, quizá un investigador o un periodista. La artista propone una reflexión no solo para recomponer una historia a partir de las huellas y vestigios del pasado sino para abrir los ojos hacia la construcción del nuevo lugar donde nos quiere trasladar.

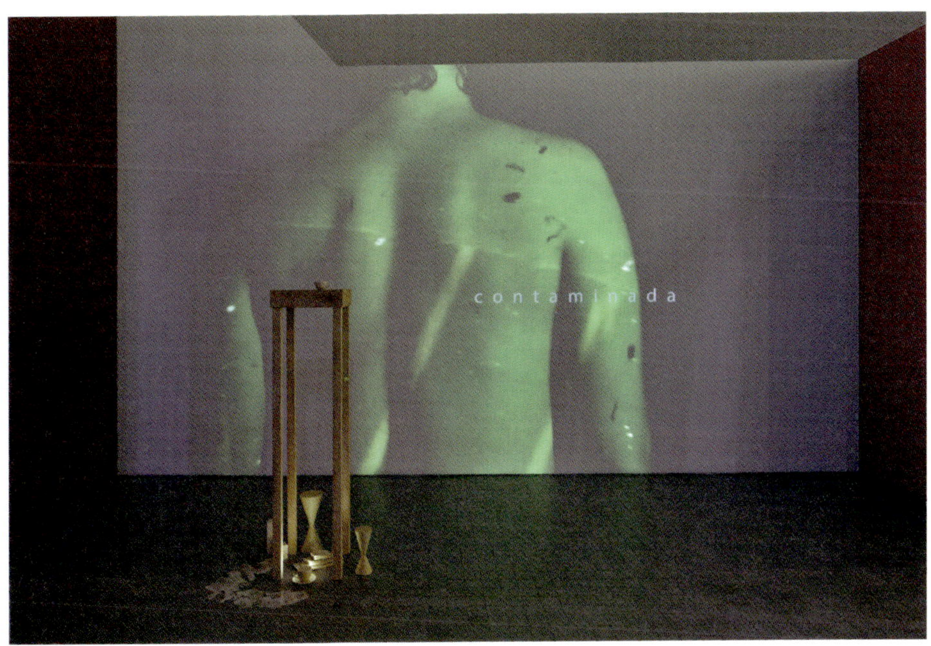

Videoinstalación *Mujer invisible*
con instalación: *Mesa - Puente*, 2021

En *Mujer invisible* se muestra la espalda desnuda de una mujer emergiendo, entre sombras, de un fondo negro. Para el arte feminista, el cuerpo de la mujer es un campo cuya exploración significativa es contradictoria e inagotable[24]. Ha sido fuente de inspiración en el arte y, sin embargo, la ingente producción artística, tradicionalmente, se ha centrado en dos cánones normalizados: el primero, el que acoge el cuerpo femenino como objeto de deseo, perfecto para la contemplación y uso, incluso abuso, siempre disponible para ser subordinado; y el segundo, es el modelo representado por la virgen, fiel, buena madre y cuerpo sagrado generador de vida.

24. AZNAR ALMAZÁN, Yayo y MARTÍNEZ PINO, Joaquín: *Últimas tendencias del arte.* Madrid, Ed. Centro de Estudios Ramón Areces, 2010, pp. 196-199.

En cambio, las imágenes en blanco y negro de *Mujer invisible* se apartan de cualquiera de estos modelos, mostrando un cuerpo natural no idealizado, reapareciendo de la oscuridad y las sombras que la ocultan para establecer una base que problematice la imagen y el supuesto rol social que una mujer debe desempeñar. La reducción a la que el cuerpo femenino ha sido sometido queda aquí neutralizado, liberándolo de la construcción de una identidad estereotipada.

Continuando con la lectura de esta obra, inmediatamente, la artista nos muestra su verdadero interés. Sobre la piel proyecta imágenes de abstracciones de territorios y lugares intercaladas con las palabras *ocultada, erosionada y contaminada*. La composición simula cicatrices y huellas de maltrato, lo que nos dirige por analogía a cómo el cuerpo de la mujer ha sido terreno libre para la injusticias de convenciones sociales y culturales. Aparecen fotogramas de un desierto que al combinarse con la palabra *erosionada*, alude a las mutilaciones y escarificaciones[25] que todavía hoy se realizan a tantas mujeres para cumplir cánones de belleza cultural. Por último, la espalda con la proyección del mar unido a la palabra *líquida*, mantiene una ambigüedad interpretativa, entre la disolución de una forma impuesta o la emersión transformada en una misma.

25. *Idem*, p. 199.

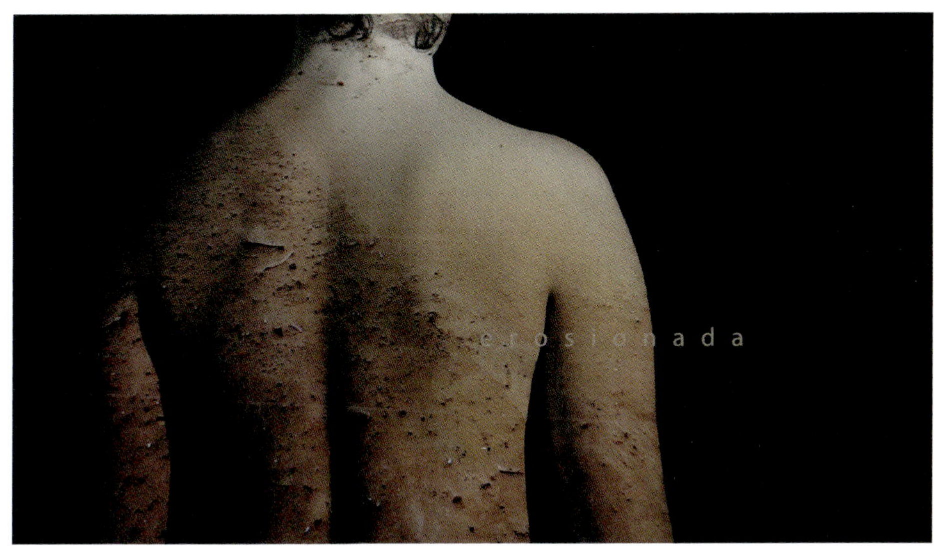

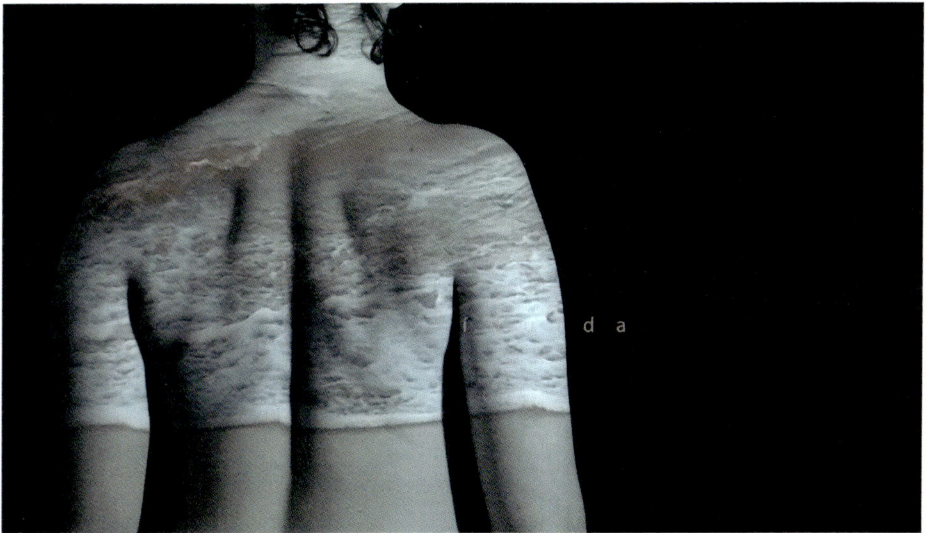

Mujer invisible, 2021

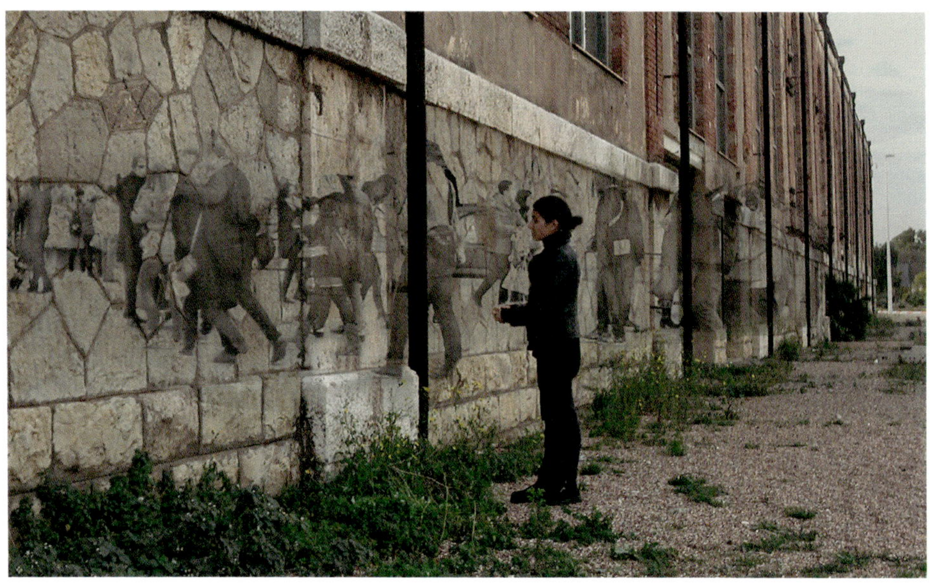

Me llamo Diana, 2021

Al examinar la dualidad visible-invisible se pone el foco en el cuerpo y la sexualidad de la mujer como dominio donde ejercer la violencia. El rechazo al cuerpo es una construcción social, y Dolores Juliano lo explica por medio de la «metáfora del cuerpo del guerrero» en su ensayo *Cultura y sexualidad*[26]. Durante siglos la especie humana ha sobrevivido gracias al reparto de ocupaciones y conductas, en un modelo complementario que ya no tiene sentido perpetuar. A la mujer se le atribuye valores naturales de generosidad, obediencia, dulzura y docilidad[27] para realizar trabajos y dar su tiempo gratuitamente en el seno familiar, excluyéndola de la participación en la esfera pública; mientras el rol masculino con calificativos como audaz, arrojado y emprendedor que se arriesga en la lucha competitiva en el exterior como potencial guerrero goza de más prestigio[28]. Esta es una dualidad anacrónica hoy día donde todos salen perdiendo al no atender a las aptitudes individuales y a la falta de libertad que conlleva la adjudicación sexista en cualquier ámbito. Sin embargo, esta sociedad jerarquizada entre guerrero poderoso y mujer subordinada se potencia en las sociedades con religiones monoteístas y androcéntricas, donde Dios es un ente inmaterial y alejado de la naturaleza[29], afirma Juliano.

26. JULIANO, Dolores: "Cultura y sexualidad" en *Cuerpos políticos y agencia. Reflexiones feministas sobre cuerpo, trabajo y colonialidad*. Granada, Editorial Universidad de Granada. Campus Universitario de Cartuja, 2011, pp. 24-32.

27. *Idem*, p. 25.

28. *Ibidem*.

29. *Idem*, p. 27.

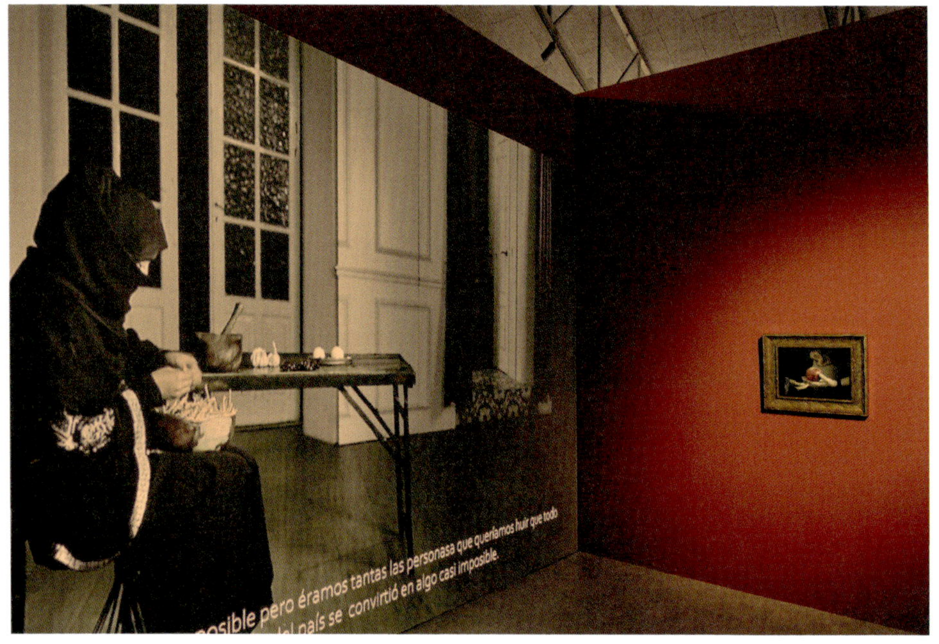

Soy Manizha, 2023

Gimeno rechaza este modelo de falta de cuidado y respeto al cuerpo de la mujer; entiende que el cuerpo somos nosotras, no es objeto de vergüenza ni algo que haya que disciplinar. Incluso en el cristianismo, que acerca el concepto de Dios a lo humano encarnado en Jesús, el dolor sufrido por el Cristo en la pasión y la sangre derramada, son símbolos de purificación y salvación del alma. Por otro lado, el *pecado original* del "Génesis"[30], pecado sexualizado por excelencia, culpabiliza a la mujer tentadora de la expulsión del paraíso condenando a la humanidad a una vida de sufrimientos y trabajos, a la vergüenza de la desnudez y a la redención por medio del castigo físico. En nuestros días, sentir curiosidad o tener hambre de conocimiento no podría juzgarse como un vicio o una transgresión; mas bien al contrario, se consideraría una virtud antes que un desafío a Dios.

30. VV. AA.: "La Santa Biblia", en *Génesis*. Madrid, Editorial San Pablo, 2013, cap. III.

Y sin embargo, Jesús se acerca a las mujeres en cualquier circunstancia; valora en ellas su capacidad de escuchar y aprender, alaba su hospitalidad y el trabajo del cuidado del otro. Y en esa línea, la artista erige a la mujer como pilar central imprescindible en cualquier cultura o sociedad rescatando del olvido a mujeres de otras etnias y culturas orientales. Tal es el caso de los videoarte Me llamo Diana y Soy Manizha. En este último, Gimeno hace su particular homenaje al cuadro de Velázquez titulado Cristo en casa de Marta y María[31], para contarnos la dura vida de Manizha, refugiada afgana de un régimen socio-político y religioso fundamentalista.

31. VELÁZQUEZ, Diego: *Cristo en casa de Marta y María*. Londres, National Gallery. Cuadro donado a la National Gallery de Gran Bretaña en 1892 por Sir William M. Gregory, donde se describe en primer plano dos mujeres en lo que parece una cocina sevillana típica con una ventana o pequeño cuadro en segundo plano que ilustra el pasaje del Evangelio de San Lucas (10, 38-42) en el momento en que Jesús le explica a Marta que el conocimiento espiritual que alimenta el alma es más perdurable que los quehaceres para alimentar el cuerpo.

Ella representa a tantas mujeres de su país sin ningún derecho y, sin embargo, son el eje fundamental de la familia, de la guarda y manutención de los hijos, hermanos y ancianos, sin apoyo ni recursos. La composición está cargada de simbolismo: en el centro de la imagen, privilegiando el relato de crueldad bajo el velo, se coloca la joven que, mientras cuenta su historia a modo de oración, va desgranando las espigas de trigo, aludiendo a la tarea de alimentar a la familia que, tradicionalmente, recae en la mujer. En segundo plano, en un claro guiño a la ventana de Veláquez, se abre un vano a otra estancia donde se desarrolla cierta actividad invisible al espectador solo apreciable por las sombras que se reflejan sutilmente.

Entre las viandas de la mesa hay guindillas, pero a diferencia del contexto del autor del Siglo de Oro, aquí no es un signo de riqueza económica, sino símbolo de procedencia oriental, como Manizha. Las guindillas nos remiten a las antiguas rutas comerciales de gran intercambio cultural y a la necesidad de fomentar el diálogo para iniciar una transferencia de fuerzas que posibiliten los derechos de todas las mujeres excluidas, maltratadas y recluidas a una vida de sufrimiento simplemente por ser mujeres; esta acción o intersección cultural culmina en el final de la pieza, cuando se quita el velo y a continuación una mujer occidental sale de la habitación para ofrecerle la manzana de Eva a Manizha. Una entrega que tiende la mano en actitud de amor y hospitalidad, para dar apoyo, cobijo y seguridad. Comer de la manzana de Eva[32] supone, de alguna manera, la insumisión hacia todo lo que coarte el conocimiento, la tolerancia y la armonía de las mujeres y por extensión de toda la sociedad.

32. GIMENO, Rosa: *Eva*. Videoarte, 2019. En esta pieza, Rosa Gimeno presenta a una mujer llamada Eva comiéndose una jugosa manzana, en clara alusión al texto bíblico del Génesis, donde la artista más que incidir en el concepto de pecado enfatiza el deleite de la mujer al comer del fruto del conocimiento; en un momento dado, Eva se asoma a la ventana, para posteriormente ir multiplicándose en infinidad de Evas optimistas asomadas a la ventana. En *Soy Manizha*, Rosa Gimeno hace un guiño a este videoarte y, en la escena final, una mujer, en representación de *Eva*, tiende la mano a Manizha y le entrega la manzana.

No se puede dejar pasar el análisis de la parte escultórica de la videoinstalación, una estructura estucada que se encuentra a medio camino entre una mesa y un pedestal; se trata de una pequeña plataforma cuadrada horizontal sustentada en cuatro patas absurdamente altas para una mesa, inconvenientemente frágil para soportar un monumento. Por lo que, tanto la función de mesa como la de pedestal quedan anuladas, la estructura no cumple ninguno de estos cometidos. La suspensión del propósito inicial, ya que la palabra mesa aparece en el título, nos remite a Kant, y a su definición de arte como *finalidad sin fin*, es decir, el filósofo defiende que la pieza artística no se identifique con ningún condicionante externo más que el que ella misma propone[33]. Y en la instalación de Rosa Gimeno, la estructura principal o *no mesa* sirve de cobijo a un conjunto de objetos que se distribuyen en el suelo de manera aparentemente azarosa; hay un libro de páginas rígidas, una taza rellena de escayola, un teléfono móvil antiguo, unas estructuras de madera a modo de diábolo y un conjunto de fotografías (sacadas del audiovisual anterior) que se despliegan formando una espiral abierta.

33. CLARAMONTE, Jordi: *La república de los fines*. Murcia, Imprenta Regional de Murcia, 2010, pp. 50-52.

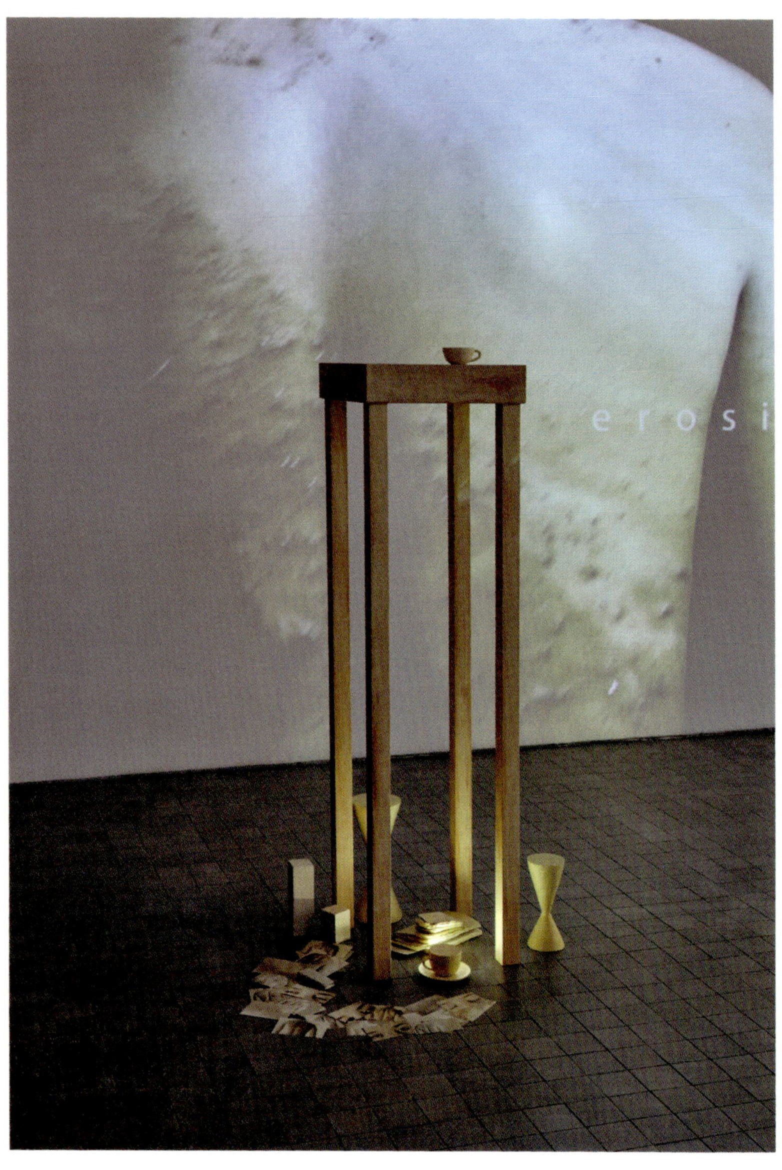
erosi

Si atendemos a los objetos, parecen fósiles petrificados recién desenterrados de una excavación arqueológica. Rescatar estos objetos contemporáneos en desuso evidencia una extrañeza habitual en nuestros días: la mayoría de nosotros no sabemos qué hacer con la cantidad de cables, cargadores y dispositivos electrónicos relativamente recientes e inútiles abandonados en cajones y armarios de nuestras casas. Estos objetos delatan la velocidad de nuestra sociedad hiperconsumista cuyos ciclos de vida cada vez se comprimen más. Rastrearlos es como investigar la cadena de sucesos que llevan al escenario de un crimen en el que el asesino no es un individuo sino un sistema; lo que produce cierto desasosiego. La artista rescata estos objetos como símbolos de una memoria olvidada, la indiferencia ante el relato del otro y ocultados por estratos de desidia.

En su conjunto, la serie Mujer invisible consigue abrir una brecha en el *consenso* social de Occidente que enuncia la igualdad en derechos y oportunidades sin distinción de género. El filósofo Ranciere advierte de las implicaciones que el concepto *consenso* conlleva; más allá de llegar a un acuerdo entre posiciones contrarias en una negociación, para él «significa el modo en que una comunidad se estructura simbólicamente, que expulsa el corazón mismo de la comunidad política, es decir, el *disenso*»[34]. Ranciere diferencia entre dos tipos de asociaciones: por un lado la *comunidad ética*, donde el consenso es ley moral aceptada universalmente, lo que supone que todos los miembros de esa sociedad son iguales de hecho y por derecho, de tal manera que el excluido no existe por definición; mientras que la *comunidad política* está formada por la unión de pueblos o individuos diferentes, donde existe la diversidad y por tanto el disenso[35]. Y ahí es donde, dice Ranciere, actúa la política donde el diferente o el que discrepa tiene derecho a alzar la voz y crear debate para ser escuchado.

34. RANCIÈRE, Jacques: *Op. cit.* p. 55.

35. RANCIÈRE, Jacques: *Viraje ético de la estética*. Barcelona, Museu d'Art Contemporani de Barcelona y Servei de Publicacions de la Universitat Autónoma de Barcelona, 2005, p. 29.

< *Mesa - Puente*, 2021

Y esto es exactamente lo que encontramos en estos videoarte, una vuelta necesaria a la politización social ahí donde el consenso ha ocultado el techo de cristal que no solo dificulta el acceso a las mujeres a posiciones de relevancia y visibilidad profesional en nuestro entorno, sino que además niega la feminización imprescindible en esferas de poder rígidamente jerarquizadas en lo político y social, que propiciarían una dinámica más colaborativa y cooperativa. Todo ello sin olvidarnos de las precarias condiciones en las que tantas mujeres están condenadas a seguir viviendo, recluidas en situaciones disminuidas, explotadas y silenciadas en una *no vida*.

El arte y la reflexión estética de Rosa Gimeno toma el relevo de la política cuando esta se pierde en los consensos de igualdad, y se enfrenta al reto de representar lo irrepresentable, aquello que es tan difícil de mostrar como es el dolor, la violencia o la injusticia. La artista recurre a la composición, la amalgama y la superposición en una suerte de arte relacional para crear situaciones de proximidad que reconstruyan los relatos que han quedado ocultos en el estrato de lo invisible y gracias a mantenerse en el lugar del disenso dan testimonio del mundo no reconciliado.

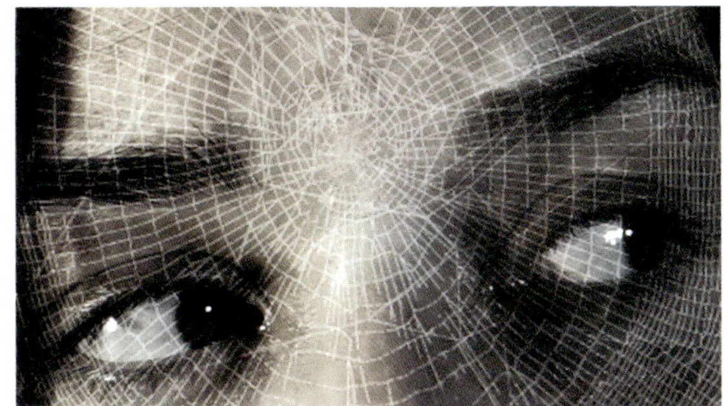

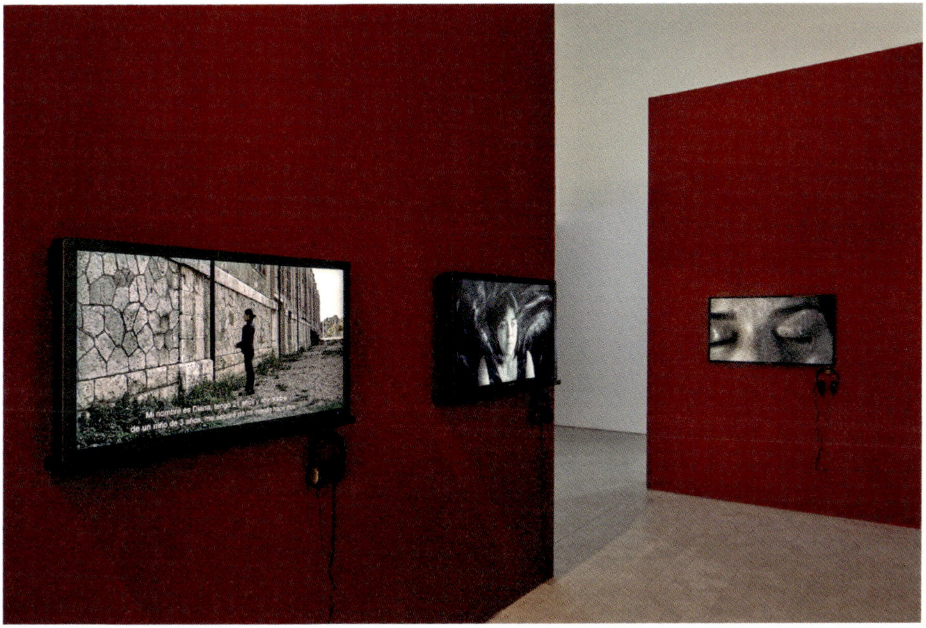

Atrapada en la telaraña, 2021

Entrever. A través de la piel

Asun Valet

«La libertad puede ir hasta donde alcance la intuición del artista».

De lo espiritual en el arte
Vasili Kandinsky

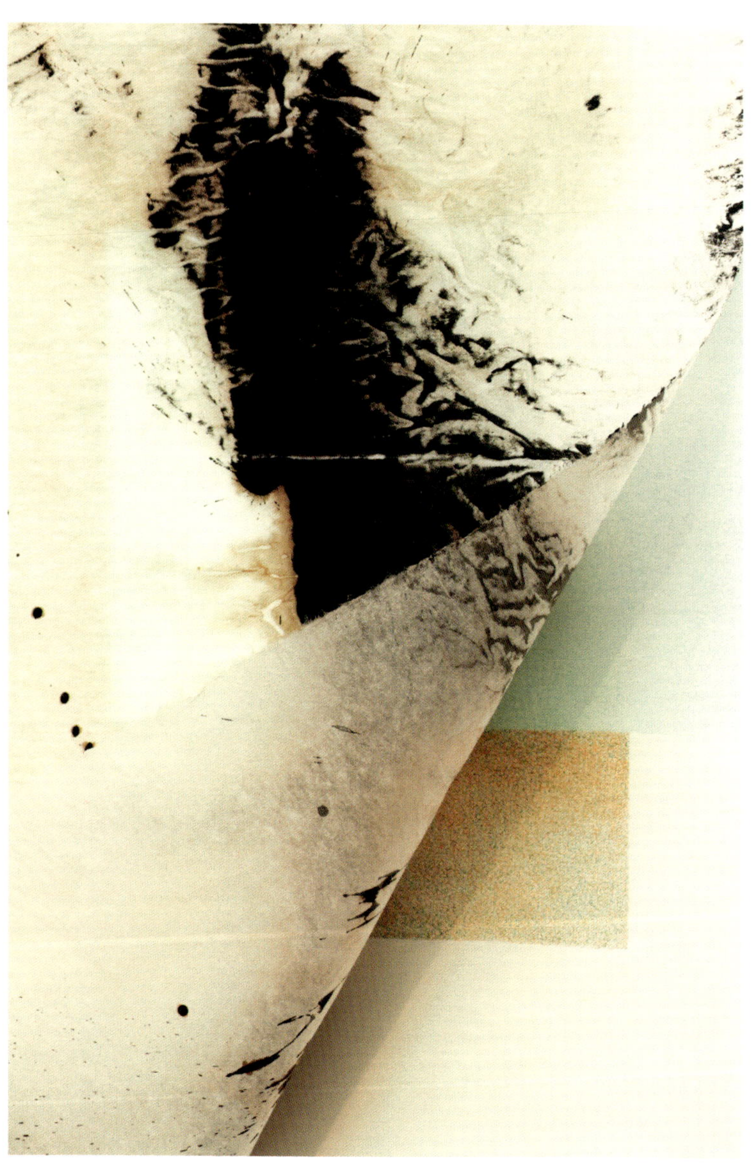

Kandinsky enunciaba que toda obra de arte nace del principio de la *necesidad interior*; una urgencia que según él es causada por tres necesidades místicas[36]: la primera se debe a la personalidad del artista, quien «expresa lo que le es propio» respondiendo a su naturaleza individual; la segunda necesidad se refiere al lenguaje que utiliza para crear, es decir, el estilo que le es afín y que, de alguna manera, viene dado por su tiempo y su entorno; y en último lugar, Kandinsky se refiere a cómo el artista sirve de vehículo para dar a ver todo aquello que está más allá del propio artista y del espacio-tiempo que lo acoge. En definitiva, Kandinsky defiende un arte que aunque no tiene más remedio que partir de lo subjetivo y particular, de lo que conoce y lo sustenta, pretende dudar de todo ello, cuestionarse para proyectarse hacia lo que hay más allá de su marco referencial. Para él «solo el tercer elemento de lo pura y eternamente artístico tiene vida eterna»[37], pero al mismo tiempo los tres elementos se entretejen de manera indisoluble en la pieza artística y se manifiestan objetivamente en formas de libertad que responden a una necesidad interior[38].

36. KANDINSKY, Vasili: *De la espiritual en el arte*. Barcelona, Editorial Labor, 1992, p. 72.

37. *Ibidem*.

38. *Ibidem*.

Para describir la práctica artística, Kandinsky utiliza palabras como *sagrado*, *mística* o *necesidad del espíritu*. Pero ¿cómo adentrase en el mundo de lo no físico, ya sea en nuestro propio interior, fuera del alcance de nuestras percepciones sensoriales o lo que hay al otro lado de la muerte, sin hablar de espiritualidad, de ideas puras o de lo invisible?

< *A través de la piel 2*, detalle, 2020
Acrílico, pigmento de hierro, rotulador y lápiz sobre dos hojas de papel washi de 20 g/m²
142 x 78 cm

El arte cuenta con una enorme ventaja sobre la ciencia. El método científico impone un tiempo de investigación cuyo procedimiento requiere observar, hacerse preguntas, formular hipótesis, experimentar o analizar para corroborar o desechar; contrastar y demostrar los hechos y que estos se repitan un número determinado de veces para que la hipótesis emitida llegue a convertirse en ley universal. Sin embargo, el arte se desentiende de este largo y lento recorrido; la experiencia estética recorre otras vías y bordea los grandes dogmas y las sólidas teorías para establecer puentes de conocimiento entre estados de conciencia que desconoce.

Por ello, aunque el arte parta de la necesidad íntima y particular, como Kandinsky apunta, su verdadero interés o si lo ponemos en palabras de Kant, lo que pretende es la no finalidad científica, o Adorno, el desinterés de la funcionalidad[39] para ser capaz de organizar un nuevo valor, el de abrirse paso hacia lo que nunca se ha experimentado, hacia aquello que solo se intuye y se escapa a la comprensión; atender a su necesidad interior para descubrir y desvelar lo invisible mediante el lenguaje poético que le es propio.

39. RANCIÈRE, Jacques: *Sobre políticas estéticas*. Barcelona, Museu d'Art Contemporani de Barcelona y Servei de Publicacions de la Universitat Autónoma de Barcelona, 2005, p. 29. Aquí, Rancière menciona que Adorno se hará eco de cómo la diosa schilletiana es portadora de una promesa precisamente porque está ociosa, añadiendo que «la función social del arte consiste en no tener ninguna».

Observar las obras de Asun Valet es adentrarse en la propia experiencia estética; es como leer un libro sin texto o aceptar lo extrasensorial, ya que sus piezas nos relatan los elementos que describe Kandinsky de la necesidad interior, que es ella misma y su entorno, es la historia del arte del último siglo y al mismo tiempo una nueva realidad. Esa sustancia volátil e inaprensible, se llame espíritu, idea o no se le ponga nombre, como en la filosofía oriental del Tao, es una esencia sin signos escritos pero sí materializada en lo simbólico y gestual.

> *A través de la piel 8*, 2023
Acrílico, pigmento de hierro y bolígrafo sobre dos hojas de papel washi de 20 g/m^2
230 x 125 cm

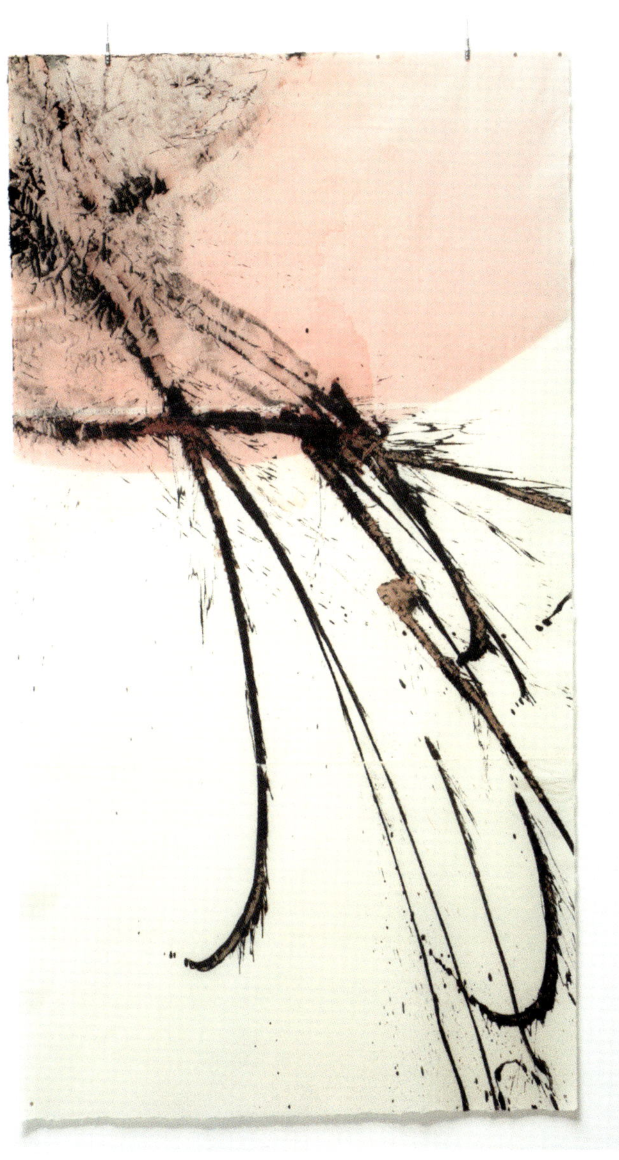

A través del gesto la artista presenta el estado de vacío por medio del cual estructura más allá de su propia comprensión, lo que se le escapa a sus sentidos pero, sin embargo, sospecha. Sus potentes pinceladas plasman la acción que realiza en las dos dimensiones del papel para atrapar la energía del tiempo. Lo que el papel nos devuelve tras el recorrido de la pintura es la experiencia estética que nos descubre destellos de verdad.

Pero esto no aclara la duda ¿es la pintura la que nos da a ver?, ¿es la artista quien llega a desvelar un conocimiento?, ¿es la obra de arte la que puede dar respuestas al misterio? En definitiva, ¿de dónde y en qué momento surge o se muestra lo visible? Hay muchos estudios sobre percepción que señalan que la visión es aprehensión activa. Si aceptamos que ver es un ejercicio de la voluntad, se podría decir que lo visible no es una cualidad intrínseca a la cosa o ente, sino que nacería en el sistema que observa, es decir, en el ojo del individuo, la cámara del fotógrafo, el telescopio del astrónomo o el microscopio del virólogo, pero todos ellos han de trasladar lo visto al cerebro y ponerlo en comunicación con el conocimiento y la capacidad de imaginar. Una vez más, se evidencia que la percepción poco tiene que ver con lo observado, sino con el estado de conciencia del observador; y por extensión, percibir depende del estado de conexión o interacción entre los agentes que se relacionan en toda comunicación.

La realidad, por tanto, se manifiesta, se da a ver en el momento que hay una consciencia que observa. El rango o nivel que ostente esta consciencia es la que determinaría la relación o disociación entre visibles e invisibles. Entonces, nuestro empeño por quitar el velo a la realidad imperceptible y descubrir el misterio oculto parece una tarea estéril. De tal modo, insistir en ampliar nuestro estado de conciencia proporcionaría un sistema más capaz a la hora de conocer el mundo de las ideas o verdades enmascaradas.

El arte juega un papel fundamental como herramienta de conocimiento y, sobre todo, de autoconocimiento, ya que su naturaleza es esencialmente libre, no teme al error y se adentra en cualquier laberinto a la más mínima sospecha o intuición de algo por explorar o mostrar; siempre se cuestiona y busca nuevas formas de conocimiento que puedan unir la experiencia plástica y el pensamiento. De este modo, tanto el mundo interior, subjetivo o microscópico como el mundo exterior, objetivo o cósmico, pueden ser captados por el arte que actúa de estructura medial, un *dispositivo-ojo* sublimado que ve e induce a ver.

En esta línea se encuentra el trabajo de Asun Valet. La artista propone la superposición consciente que ejemplifica la relación indisoluble entre lo visible y lo velado. En la serie "A través de la piel" cada obra se compone de dos pliegos de gran formato de papel washi, o papel tradicional japonés hecho a mano, colocados uno delante del otro, cubriéndose en su totalidad. Por su cualidad traslúcida, la hoja que se encuentra en segundo plano no llega a ocultarse del todo, se percibe a través de la semitransparencia de la primera capa o epidermis dejando adivinar trazos finísimos de tinta que se enredan de manera mecánica en una maraña de líneas trazadas en diferentes direcciones aportando textura; esta pintura responde al impulso motor que procede de lo más profundo del inconsciente para, paradójicamente, verse encerrada dentro de los límites de formas geométricas racionales. Estos óvalos, círculos o rectángulos, que conforman la dermis bajo la superficie, aparecen coloreados en ocres, anaranjados y verdes; emergen velados bajo la primera capa revelando un conocimiento ancestral, un misterio valioso solo accesible ante una mirada reflexiva.

> *A través de la piel 6*, 2023
Acrílico, pigmento de hierro y bolígrafo
sobre dos hojas de papel washi de 20 g/m^2
155 x 125 cm

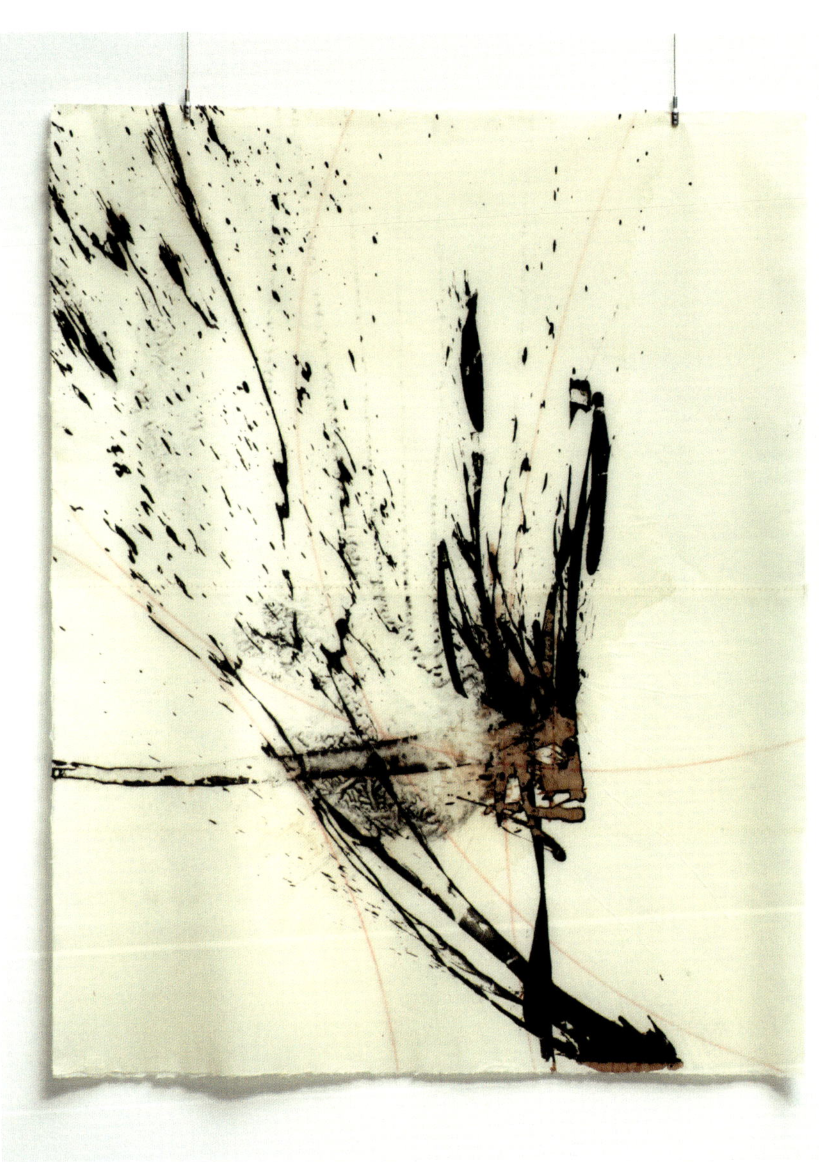

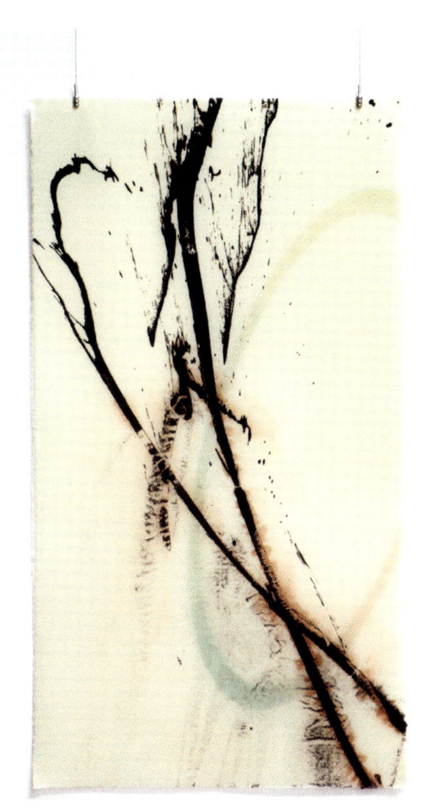

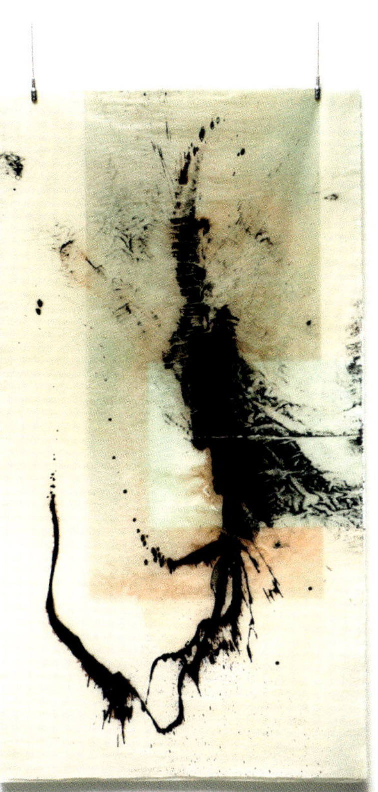

Estas formas representan el respeto profundo al cuidado, la dedicación y el esmero de la elaboración artesanal. La artista entiende que el tiempo y el esfuerzo destinado a la realización no es relevante para el valor objetivo de una obra de arte; sin embargo, no puede obviar que lo artesanal implica un proceso curativo, como su propio nombre está indicando (arte-salud, arte-sano). Aunque su beneficio no sea visible, Valet siente que no debe prescindir de esta ardua tarea manual, ya que afecta directamente a las emociones, el pensamiento y la ética de todos los agentes que participan en la creación y observación atenta de la pieza; pero también por aquella misma razón, desmitifica la maestría y la relega a un segundo plano: está por la curación misma y no está para normalizar las facultades innatas.

La hoja de papel del primer plano, tan liviana como la secundaria, sirve de soporte a la pintura acrílica a base de oscuros y pesados pigmentos de hierro, desplegándose en amplios y vibrantes trazos cuya expresión muestra la tensión del signo que nace de lo más profundo, pero se realiza fuera, en un movimiento que reclama el espacio agrandándose. El gesto puede interpretarse como algo negativo, algo que hace referencia a una condición humana de rebelión, pero también puede ser una proyección del inconsciente, una necesidad o liberación por desbordamiento.

< *A través de la piel 4*, 2020
Acrílico, pigmento de hierro, rotulador y lápiz sobre dos hojas de papel washi de 20 g/m^2
142 x 78 cm

A través de la piel 2, 2020
Acrílico, pigmento de hierro, rotulador y lápiz sobre dos hojas de papel washi de 20 g/m^2
142 x 78 cm

Al mezclarse con el agua, el pigmento de hierro se comporta de diferentes modos. El agua agrieta la pintura formando pequeños canales de evacuación y actúa como catalizador de la oxidación, permitiendo que adquiriera tonalidades marrones o rojizos; dependiendo de las concentraciones y el tiempo de exposición al agua, el hierro puede endurecerse generando ásperas texturas o diluirse dejando un rastro desdibujado. En cualquier caso, su evidente presencia provoca un diálogo de fuerzas entre la resistencia de las fibras entrecruzadas del delicado papel japonés del soporte y la frágil solidez del hierro. Valet consigue que todas las cualidades de los materiales y sus relaciones de oposición queden representadas en el juego de apariencias, visibilidades y veladuras, creando un equilibrio invisible.

En otras piezas, las figuras geométricas del segundo plano se sustituyen por arcos perfectamente delimitados. Se trata de fragmentos de trazos circulares, formas inacabadas que han de ser completadas por las infinitas posibilidades de su vacío o la mente del observador. Estas circunferencias enlazan con la serie "Entrever" donde Asun Valet reúne dos ámbitos aparentemente opuestos: de un lado, la intuición y el azar y, por otro, lo científico y racional. Para ello, combina la geometría de círculos de finísimo papel gampi superpuestos y tratados con flujos orgánicos, de nuevo, con pintura de hierro; velados por el papel, se dejan ver los contornos de diferentes tipos de compases que aluden, una vez más, al quehacer intelectual.

La artista invita al espectador a la acción altruista y desinteresada de fijarse en ellos, observar sus diferencias y peculiaridades. La lectura del pensamiento de la filósofa Simone Weil sobre la *atención* ha calado en Asun Valet, sobre todo en la frase donde afirma «la atención es la más extraña y más pura forma de generosidad»[40]. No puedo estar más de acuerdo.

40. CANCIANI, Domenico y VITO, M. Antonietta: *Simone Weil. La amistad pura*. Madrid, Narcea, S.A. de Ediciones, 2010, p. 52. Los autores exponen en el capítulo 5, titulado *La amistad fulgurante con Joë Bousquet*, el encuentro de Simone Weil con este excombatiente de la I Guerra Mundial paralizado desde los 21 años y su posterior amistad por correspondencia; en ella le expresa su gran admiración al descubrir en una persona como él, objetivo de la desgracia, tanta generosidad en su atención.

En el momento que se atiende de un modo libre, se entrega el tiempo, la mirada, el pensamiento y la sensibilidad al objeto de atención. Sin embargo, en el propio lenguaje, tanto en español con la expresión *prestar atención*, como en inglés *pay attetion* (pagar atención, si traducimos literalmente), la acción de atender implica un intercambio, un prestar para que sea devuelto o pagar algo para recibir algo a cambio. La atención al objeto artístico se entrega generosamente y se recibe una experiencia estética, un conocimiento para seguir construyendo nuestro *yo*. En la mirada atenta se descubre al otro a través de sus pieles y veladuras. Al prestar atención a las diferencias de los compases semiocultos, se observa la complejidad del ser, ya sea cosa o persona, en un intercambio cualitativo.

> *Entrever 10*, 2023
Acrílico, pigmento de hierro, papeles gampi y compás con tiralíneas sobre papel okawara
45 x 45 cm

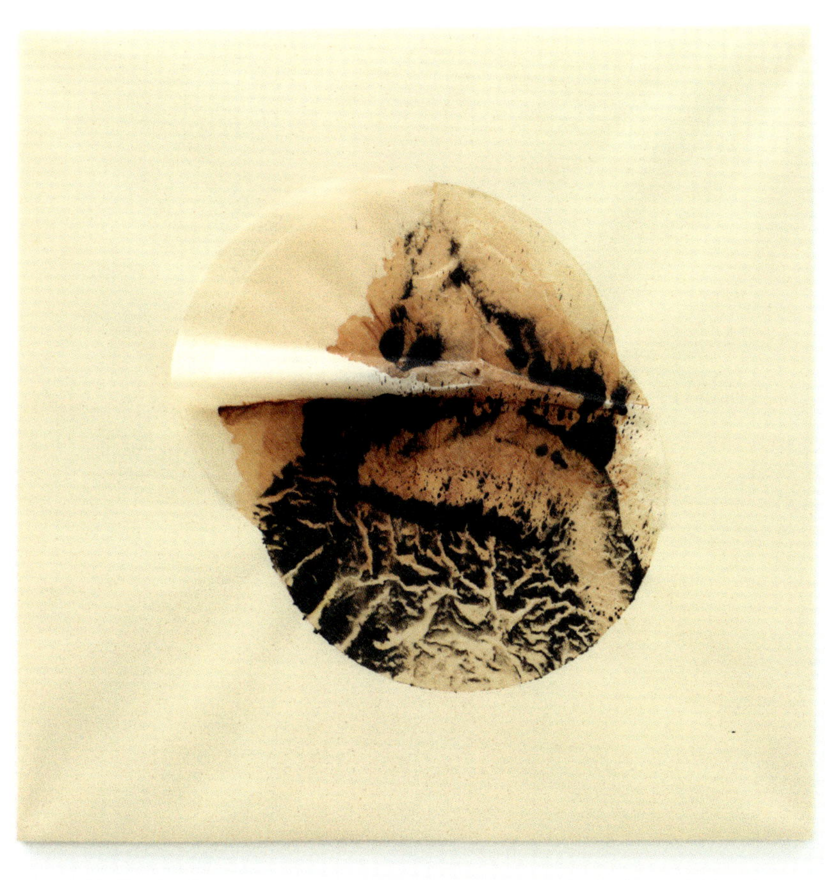

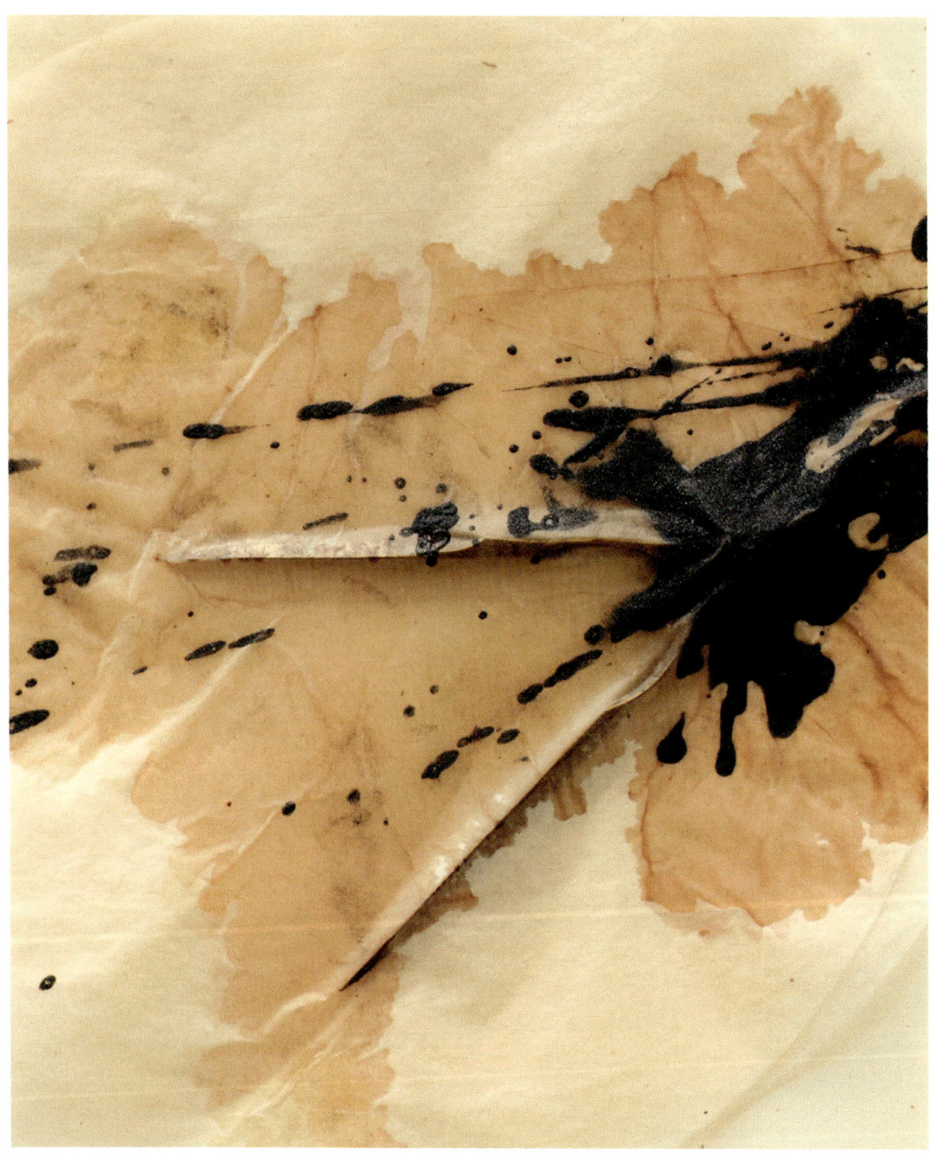

Cada capa de cualquiera de las piezas de ambas series, es el registro de dos estados interiores distintos, dos instantes de la existencia que se relacionan en un plano consciente. La pintura de ambos pliegos superpuestos mantiene una relación complementaria, incluso en algunas piezas parece llegar a fundirse restableciendo una profunda armonía. Las veladuras del material conectan los momentos separados entre lo racional e irracional, entre lo controlado y lo perdido, entre consciente e inconsciente, entre lo orgánico y la geometría, para que la dicotomía entre visible e invisible se fusione en una sola realidad; una renovación de lo real expresado en el lenguaje de signos que precede lo racional y se traduce en pura representación del ser. La artista resuelve el conflicto entre lo visible e invisible aceptando los límites confusos y ambiguos de lo racional e irracional, propiciando el encuentro en una poética de la comunicación de opuestos.

< *Entrever 5*, detalle, 2022
Acrílico, pigmento de hierro, papeles gampi y compás de puntas sobre papel okawara
45 x 45 cm

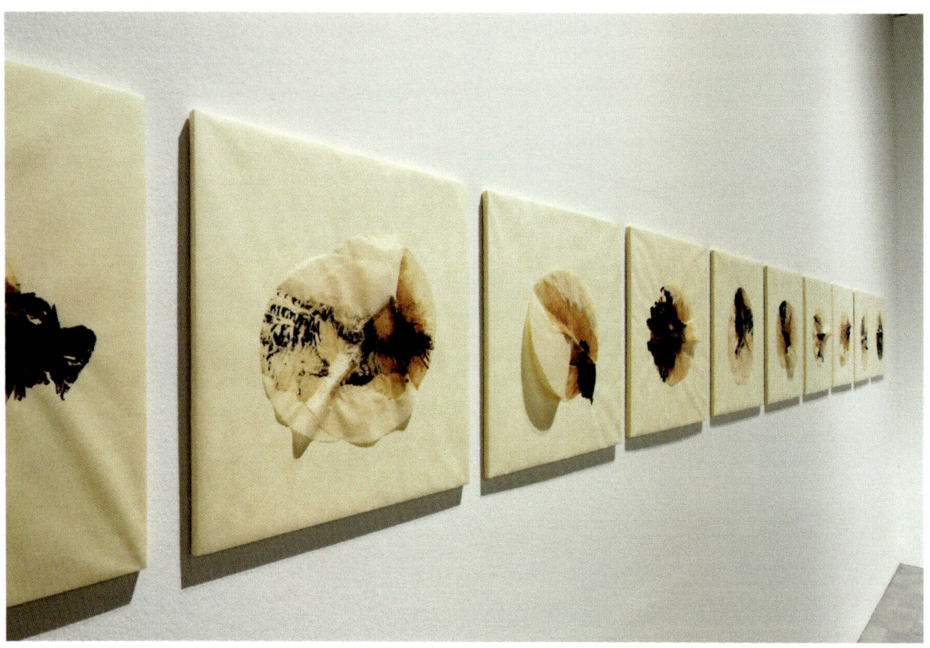

Conjunto *Entrever*

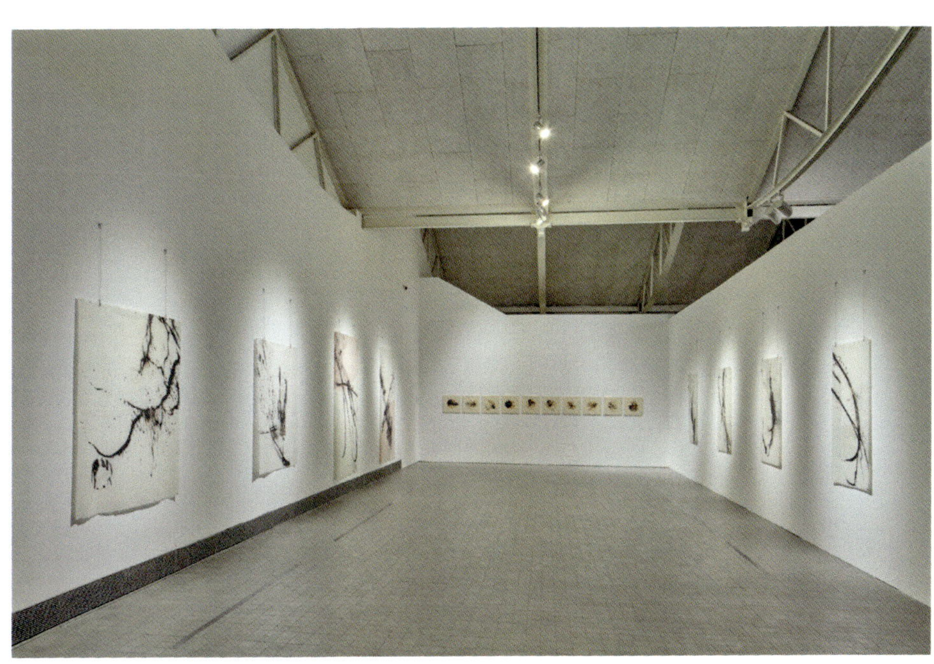

Conjunto *Entrever* y *A través de la piel*

Experiencia estética para el devenir

Desde sus comienzos, el arte se ha dejado llevar por la intuición manteniéndose al margen de ideas deterministas, donde cada causa tiene su efecto preestablecido. Su posicionamiento está más cerca de la Cuántica, teoría de la física que relaciona la causa más con la posibilidad que con el efecto. De este modo, en el arte, como en la física, la realidad es un espacio abierto a las posibilidades y su naturaleza es cambiante; lo real pasa de ser un ente objetivo a expresarse como proceso, en cuyo recorrido se procuran múltiples encuentros entre lo visible y lo invisible. Lo que no vemos ya no es una ausencia o un fracaso sino una oportunidad auténtica y efectiva a ser sentido y percibido; lo no visto es el espacio de libertad a la espera de ser conectado. Podríamos decir entonces que la realidad percibida, por su condición procesual, es efímera y dinámica, se va construyendo en la intersección de las miradas. Lo real es, tanto como puede llegar a ser y la percepción consciente es un acto creativo.

Sin embargo, en la experiencia de lo infinito sin límites y ante el miedo a no tener puntos de apoyo o referencia, se impone la lógica de búsqueda de seguridad, de no tener dudas y acabar con lo incierto, invisible y desconocido. Por ello necesitamos de lo material, ya que nos proporciona la estructura que alberga la memoria que podemos llegar a percibir, conocer y entender de un modo aparentemente más directo.

El arte se encuentra en la intersección y acentúa su carácter mediador manteniendo una materialidad visible al mismo tiempo que es el eco de un futuro inaprensible. El arte se manifiesta como el lenguaje que habla del devenir contribuyendo a la representación de la memoria, estructura lo conocido e imagina otros escenarios e ideas habitables. El arte parece inútil porque no nos lleva al lugar que deseamos, ni explica quiénes somos y, sin embargo, proporciona las bases de lo que seremos y construiremos.

Y aquí radica la utilidad del arte: su cualidad medial le permite anular la competitividad de la dualidad del ser y no ser, convirtiendo a los opuestos en aliados que se relacionan y complementan. Si imaginamos un escenario radical, donde todo fuera conocido, donde todos los misterios fueran resueltos y toda la información pudiera ser percibida y asumida, el mundo estaría fijado como en una fotografía o una película, el saber se convertiría en dogma inamovible, la imaginación quedaría atrapada en contenidos objetivos. El viaje continuo que supone la existencia se detendría; y con esa parálisis vendría la muerte, ya que la vida tiene sentido porque es imaginarse, un hacerse y deshacerse perpetuo, el fluir entre lo que conocemos e ignoramos. Este es un escenario imposible porque rompe con la propia naturaleza del misterio: que es no ser desvelado para ser misterio; lo cual alimenta el devenir.

Contrariamente a lo que podría parecer, la experiencia estética nos muestra procedimientos y estrategias de actuación que animan a traspasar el límite aparente de las cosas. El arte potencia la construcción de puentes que nos ayuden a conectar lo visible e invisible.

Como ya hemos visto, la experiencia estética puede ser el complemento indispensable de la experiencia cotidiana de vida; si esta no estuviera organizada y sistematizada en realizar funciones determinadas para finalidades concretas, no tendría sentido abrir paréntesis en el día a día, momentos de ocio, descanso o mente en blanco. Traspasar el manto de lo real es suspender el espacio-tiempo de una cotidianidad que, en cierto modo, evidencia la ficción construida en que vivimos, como el decorado pintado de una película antigua de Hollywood. Sin embargo, las fronteras entre los opuestos son difíciles de reconocer; escurridizas y ambiguas separan los márgenes inciertos entre realidad e invención entre visibles e invisibles. La intención del arte es ampliar y facilitar la filtración entre ambos lados del límite desde su relación material con la vida; una correspondencia que no viene dada para servir de modelo de apariencia, sino como relato crítico unido a los modos de hacer que el arte articula para sus producciones visuales.

Ahondando en la relación entre arte y vida, Foucault rescata en su ensayo *Estética de la existencia*[41], la metodología que se utilizaba en la Antigüedad para entrenarse en el «arte de vivir». Partían de principios de autoconocimiento como *Conócete a ti mismo* o *El cuidado de sí* para realizar actividades de indagación en la conciencia y autoexamen, cuyos ejercicios estaban destinados a desarrollarse como un ser libre y soberano.

41. MANCILLA MUÑOZ, Mauricio: "Ética y estética de la existencia en Michel Foucault". *Utopía y praxis Latinoamericana*, Vol. 26, Núm. 92, Enero-Marzo (2021), p. 36.

La finalidad no es quedarse en la búsqueda de uno mismo para la realización personal, tal como recoge la psicología moderna; Foucault redescubre la construcción de la subjetividad en las máximas éticas y prácticas fundadas en la moral que se dirigen a la *transformación del yo*[42]. Una de estas prácticas es la *ascética estoica*, que emplea técnicas de fortalecimiento del cuerpo o *gimnasia* (a base de rituales de purificación, ayuno o continencia sexual) y ejercicios de la mente o *meditatio* donde se preparaban en el arte de la oratoria, la argumentación o el dominio del alma ante graves situaciones ficticias. Para ello recurrían a procedimientos que están directamente relacionados con el arte como es la imaginación, la fantasía, la ilusión o la utopía[43].

42. *Ibidem*.

43. *Idem*, p. 37.

De esta manera, la *Estética de la existencia* de Foucault descubre los vínculos entre la experiencia estética, el autoconocimiento y la configuración del yo para la práctica del «arte de vivir», que dirige directamente a relativizar nuestro cuerpo y mente en un entorno cambiante. Experimentar el devenir significa comprender y aceptar la modificación de lo que nos es propio, de la misma manera que el arte se compromete con la posibilidad y la transformación en un continuo acontecer.

Esta certeza acompaña las obras de Silvia Castell, Rosa Gimeno y Asun Valet cuyo propósito unificado en "El reflejo de lo invisible" es experimentar la estética como fórmula para transitar en el propio existir. Hemos visto a lo largo de este recorrido cómo el arte nos muestra también su actitud incondicional abriendo espacios de libertad y proporcionando herramientas para enfrentarnos a la paradoja. Comprobamos, a través de lo visible, cómo el arte es una finalidad sin fin, al mismo tiempo que se compromete políticamente y sirve de plataforma y altavoz a lo excluido; el arte cumple su voluntad de mirada de progreso; apela a la emoción en la belleza y en el desagrado, en lo equilibrado y lo disonante, para desempeñar una vocación crítica; y sobre todo la experiencia estética revela que lo invisible es un estado de conciencia cuyo misterio inabarcable nos empuja a conocer, a arriesgarnos ante el abismo de incertidumbres y ser libres para crear, tal como actúa el propio arte uniendo visibles e invisibles.

Así, el arte visual utiliza su paradoja afirmando que ver es dejar de creer en lo que parece que vemos.

Índice